KB028544

리더에게 정말 필요한 것

What You Really Need to Lead: The Power of Thinking and Acting Like an Owner
by Robert Steven Kaplan

Original work copyright © 2015 Robert Steven Kaplan
All rights reserved.
This Korean edition was published by MINDBUILDING in 2023 by arrangement
with Harvard Business Review Press through KCC(Korean Copyright Center Inc.), Seoul.
Unauthorized duplication or distribution of this work constitutes copyright
infringement.

리더에게
정말
필요한 것
( )

주체적 책임 의식이 이끄는 일과 삶의 성공 모델

로버트 S. 캐플런 | 정지현 옮김

마인드빌딩

추천사

무엇보다도 이 책은 여느 리더십 책과 달리 주체적인 책임, 행동 그리고 가치부여를 강조한다. 이러한 리더가 되기 위한 도전과제는 무엇인지, 거쳐야 할 필수과정이 무엇이고, 훈련에 필요한 도구는 무엇인지를 한 단계씩 우리에게 제시하고 있다. 리더가 되기 원하는 사람부터 이미 리더인 사람까지, 이 책을 통해 리더가 된다는 것이 어떤 의미인지와 이러한 리더가 될 수 있는 방법이 무엇인지 찾을 수 있기를 바란다.

— **신수정**, kt enterprise부문장, 〈일의 격〉저자

이 책에서 로버트 캐플런은 리더들이 책임 의식 모델을 수용해야 한다고 이야기한다. 생각과 관행의 대대적인 변화가 필요하지만 그만큼 놀라운 성과를 거둘 수 있다. 실용적이면서도 혁신적인 이 책은 오늘날 복잡한 조직을 이끄는 모든 리더에게 강력한 메시지를 보낸다.

— **대런 워커**, 포드 재단 회장

이 책은 로버트 캐플런이 리더십에 관해 쓴 세 번째 책이자 그중에서도 최고의 책이다. 그는 크고 작은 조직의 모든 리더가 책임 의식을 갖고 커다란 책임감과 균형 잡힌 관점을 더해야 한다고 말한다. 캐플런의 책을 읽으면 지혜로운 멘토가 생긴 기분이 든다. 이 책에 담긴 지혜와 조언은 모든 리더에게 어마어마한 이득을 줄 것이다.

— **빌 조지**, 하버드 경영대학원 교수, 메드트로닉 전직 CEO, 『나침반 리더십』의 저자

기업, 정부, 자선단체 등 모든 조직이 리더의 필독서로 지정해야 하는 책. 지혜, 정신이 번쩍 들게 해주는 한 방, 독특한 색깔이 있다. 골드만삭스에서 근무하고 하버드 학생들을 기르친 경력에 속도감 있고 명료한 문제를 가진 로버트 캐플런만이 쓸 수 있는 리더십 걸작.

— **윌리엄 드레이퍼 3세**, 드레이퍼 리처드 캐플런 재단 공동 설립자이자 공동 회장

고도의 성과를 내는 헌신적인 팀을 구축하려면 리더는 자신의 약한 모습을 드러내고 공감과 지지, 토론이 퍼져나가게 해야 한다. 로버트 캐플런은 그런 리더십을 계발하는 구체적인 단계를 제시한다. 그의 조언을 따르면 의심할 여지 없이 더 강한 리더가 될 수 있다.

— **R. C. 뷰포드**, 미국프로농구 샌안토니오 스퍼스 단장 스포츠 기업 스퍼스 스포츠&엔터테인먼트 회장

이 책은 리더십의 의미에 대한 신선한 관점과 흥미로운 실제 사례, 초보와 베테랑 리더 모두를 위한 실용적인 조언을 제공한다. 리더십을 배우고 세상에 긍정적인 영향을 끼치고 싶다면 이 책을 읽고 오늘부터 시작하라.

— **바버라 부시**, 글로벌 헬스 코어 공동 설립자이자 CEO

솔직하고 명료한 이 책은 실용적인 조언이 가득하다. 점차 덩치가 커지는 팀을 위해 책임 의식 문화를 만들고 싶은 나 같은 기업가에게 특히 유용하다. 실질적인 몇 가지 단계에 집중한 덕분에 나 자신의 잠재력을 깨닫고 예전보다 더 나은 리더가 될 수 있었다.

— **자미어 카삼**, 자미어 카삼 파인 주얼리 CEO이자 수석 디자이너

추천사

아들 마이클에게 바칩니다.

리더십의 수수께끼

리더십은 우리 사회에서 가장 중요하고 가장 활발하게 논의되는 주제이다. 역사적 인물과 유명한 사상가들이 리더십에 대해 한 말들을 살펴보자.

직원들이 앞에 서도록 하고 리더는 한 걸음 뒤에 서는 것이 좋다. 특히 좋은 일이 있거나 승리를 축하할 때는 더욱더 그렇다. 반대로 위험한 일일 경우에는 앞으로 나서라. 그러면 사람들은 당신의 리더십을 높이 평가할 것이다.

— 넬슨 만델라

진정한 리더는 합의를 찾는 사람이 아니라 합의를 끌어내는 사람이다.

— 마틴 루서 킹 주니어

리더는 길을 알고, 길을 가고, 길을 찾아주는 사람이다.

— **존 C. 맥스웰**

사람들이 그가 있는지 어떤지 알지 못하거나, 기껏해야 그가 그 자리에 있다는 것을 알 정도인 지도자가 가장 훌륭한 지도자이다. 일을 훌륭하게 완수하지만 흔적을 남기지 않는 까닭에 일을 성공적으로 마쳤을 때 사람들은 "이 모든 일을 우리 스스로 해냈다"라고 말한다.

— **노자**

경영은 일을 올바르게 하는 것이고, 리더십은 올바른 일을 하는 것이다.

— **피터 드러커**

머리말

당신은 리더십을 어떻게 정의하는가?

그 정의가 다음과 같은 상황에서 결정을 내릴 때 도움이 되는가?

- 개인이나 팀, 회사 전체를 관리하면서 어려움에 직면했을 때
- 지역 사회에 문제가 있음을 발견하고 나서서 행동을 취해야 할지 고민될 때
- 어떤 과제와 씨름하는 동료에게 도움 주기를 고려할 때
- 직장에서 바닥에 떨어진 쓰레기를 주울지 말지 생각할 때

그 누구도 아닌 당신에게 리더가 된다는 것은 어떤 의미인가?

리더십은 우리 삶의 모든 면에 영향을 미친다. 사람들은 흔히 지역 사회, 단체, 회사, 정부 기관에 리더가 필요하다는 이야기를 자주 한다. 일이 잘못되면 리더십의 부재를 한탄하고 조직이 흔들릴 때는 더 강력한 리더십을 소망한다. 상황이 순조로울 때는 훌륭한 리더십이 가져온 좋은 결과로 여긴다.

다양한 맥락에서 리더십에 관한 논의가 이루어지고, 학계 연구와 문헌은 리더십의 핵심 요소를 찾고자 한다. 뿐만 아니라 대학과 기업도 리더십 계발을 위해 엄청난 노력을 쏟아붓는다. 이로

인해 우리가 리더십이 무엇인지 확실하게 이해하고 있다고 생각하기 쉽다. 하지만 실제로는 그렇지 못하다.

리더십은 있거나 없거나 둘 중 하나?

요즘 나는 새로운 사람들을 만나면 나를 하버드 경영대학원 교수라고 소개한다. 그러면 대개 상대는 칭찬하거나 흥미를 보이거나 더 자세한 이야기를 듣고 싶어 한다. 그리고 무엇을 가르치느냐고 묻는다. 나는 자랑스럽게 대답한다. "리더십을 가르칩니다." 그러면 보통 멍하니 쳐다보거나 의심하는 듯이 눈살을 찌푸린다. 그러고는 "리더십이 가르칠 수 있는 것인가요?"라고 묻거나 "리더십을 배우는 게 가능한 건지 모르겠군요"라고 말한다. 사람은 애초부터 리더이거나 아니거나 둘 중 하나라는 것이다. 그러면 나는 리더십은 배울 수 있는 것이라고 열심히 설명한다. 리더십 기술은 학습 가능하며 또 반드시 배워야 하는 것이라고 말이다.

하지만 대개 CEO나 간부를 꿈꾸는 사람들은 믿지 않는다. 그들은 리더십이 타고난 자질 또는 존재의 상태라고 믿는다. 리더십을 갖고 있거나 그렇지 않거나인 것이다. 그들은 특정 자질을 갖춘 엘리트 집단과 그보다 재능이 떨어지는 나머지 집단이 있다고 생각한다. 결과적으로 리더십을 가르치려고 하는 것은 헛수

고라고 생각한다.

이런 반응이 나올 때마다 정말 속상하고 답답했다. 왜 사람들은 리더십이 키우고 배울 수 있는 능력이라는 사실을 믿지 않는 걸까? 나는 기업의 간부로 일하면서도 그렇고, 실제로 그런 사례를 수없이 보았다.

리더십은 과연 배울 수 있을까?

수십 년 동안 학자와 리더를 키우는 실무자들은 사람들이 리더가 되는 법을 배울 수 있도록 돕기 위해 방대한 연구를 해왔다. 리더십의 핵심 요소를 설명하고, 리더가 맞닥뜨리는 도전과제들을 찾고, 리더십 자질을 계발하기 위한 다양한 접근법을 제시했다. 그리고 지난 50년 동안 수만 명의 학생이 명문 대학의 리더십 수업을 듣거나 기업이 후원하는 리더십 계발 프로그램에 참여했다. 모두가 리더십 능력을 계발하고 개선하기 위해 고안된 것들이다.

훌륭한 이론과 교육, 조언이 넘쳐나는데도 불구하고 많은 사람들이 리더십은 배울 수 있는 게 아니라고 생각한다. 또 '타고난 리더'나 '천성적 지도자' 같은 표현을 많이 사용한다. 이런 표현에는 은연중에 타고난 카리스마나 외향성 같은 성격적 특성을 리더십 기술과 동일시하는 마음이 담겨있다. 하지만 타고난 성격적 특성이 반드시 효과적인 리더십으로 이어지는 것은 아니다. 마찬가지로 특정한 자질을 갖추지 못했다고 해서 뛰어난 리더가 될 수 없는 것도 아니다.

나는 몇 년 동안 리더를 키우는 실무자들이 쉽게 접근할 수 있도록 리더십의 미스터리를 풀기 위해 노력했다. 학생들을 가르치고, 다양한 리더십 연구자와 성공한 실무자들의 저서를 연구하며, 다양한 비즈니스 프로젝트를 진행하고, 영리 및 비영리 조직 리더들의 성과 개선을 도왔다. 그러는 동안 리더십을 계발하고 자신을 잘 이해할 수 있도록 도와주는 책도 두 권 썼다. 사람들이 실제로 응용해 경력을 쌓고 조직을 운영하며 최고 역량을 발휘하도록 도와주는 유용한 지침을 제공하는 것이 목표였다.

하지만 간부들이나 리더를 꿈꾸는 사람들과 일하면서 깨달은 사실이 있었다. 많은 사람들이 리더십을 과연 배울 수 있는가 하는 문제와 싸우고, 자신이 리더가 될 만한 인물인지 고민하는 이유는 '리더십'이 의미하는 바가 사람에 따라 다르기 때문이었다. 리더십이 무엇인지, 리더가 무엇을 하는지에 대해 저마다 다른 생각을 갖고 있다.

어떻게 생겨났든 간에 개개인의 생각은 행동과 불가분의 관계다. 나는 내가 쓴 책을 읽어본 사람들을 포함해 많은 인재에게 리더십의 본질에 관한 개인의 사고방식과 암묵적인 가정이 리더십 계발의 방해 요인으로 작용한다는 사실을 발견했다.

당신에게 리더십은 어떤 의미인가?

리더십에 대한 우리 사회의 개념은 매우 구체적인 방식으로 형성된다. 예를 들어, 많은 사람이 대중문화, 특히 TV에서 칭송받는 대단한 인물들을 통해 판단 기준을 얻는다. 영화에서 주로 소방관들을 이끄는 대장이나 그린베레(대게릴라전을 목적으로 하는 미국 육군의 특수 부대-옮긴이) 대원, 기병대원 등 강한 남자 역을 맡은 존 웨인(John Wayne)을 생각해보자. 그가 〈그린 베레(The Green Berets)〉에서 맡은 마이크 커비(Mike Kirby) 대령은 리더가 되는 법을 배울 필요가 없었다. 카리스마 넘치는 성격에다 문제의 해결 방법을 찾는 천부적인 감각을 갖고 있었기 때문이다. 존 웨인이 주로 맡은 캐릭터들이 어떻게 그런 능력을 갖게 되었는지는 영화에 나오지 않는다. 그래서 우리는 그가 예리한 타이밍 감각과 사람들을 이해하고 지휘하는 능력을 타고났다고 추측할 수밖에 없다.

사람들은 과거와 현재의 저명한 인물에 대한 인식을 바탕으로 리더십 개념을 정의한다. 예를 들어, 프랭클린 루스벨트(Franklin Roosevelt), 로널드 레이건(Ronald Reagan), 앙겔라 메르켈(Angela Merkel, 윈스턴 처칠(Winston Churchill) 같은 정치 지도자들을 생각해보자. 아니면 샘 월턴(Sam Walton), 에스티 로더(Estée Lauder), 스티브 잡스(Steve Jobs) 같은 혁신적인 사업가들도 좋다. 팀을 우승으로 이끈 스포츠계 인물들을 생각해도 된다. 우리는 이런 사람들이 훌륭한 이유에 대해 나름의 서사를 만든다. 그들은 설득력 강한 연설가이거나 업계 전체를 바꿔놓을 정도로 혁신적이거나 위기나 압박 속에서도 용감하게 임무를 훌륭하게 해냈다. 그들이 과연 어떻게 그럴 수 있는지는 정확하게 알지 못한다. 그런 사람들에 대해 우리가 가진 이미지는 그들이 가장 위대한 업적을 이룩한 시점에 고정된 경우가 많다.

우리의 리더십 개념은 대중문화와 역사 속의 걸출한 인물 외에도 선생님이나 가족, 상사, 지역의 유명한 지도자 등 직접적으로 아는 사람들에 의해서 형성된다. 그 리더들의 스타일은 저마다 다르다. 자신감과 카리스마 같은 성격적 특징을 갖고 있을 수도 있다. 그들이 사람이나 사건에 영향을 미치는 특별한 자질을 가진 것처럼 보이기도 한다. 그런 특별한 자질은 운동 능력이나 음악적 재능처럼 타고난 재능을 바탕으로 쌓이고 발전한 것처럼 보일 수도 있다. 이런 사람들을 보면 역시 그런 재능은 타고나는 것이라는 생각이 든다.

우리가 존경하는 성공한 리더들은 유명 잡지의 표지나 인터넷의 주요 뉴스를 장식한다. 하지만 그 시점이 사람들로부터 칭송을 받은 직후일 수도 있는데, 아무튼 그 리더들은 문제가 생기면 칭송받은 만큼이나 엄청난 비난을 받는다. 그들을 롤 모델로 삼았던 사람들은 환상이 깨진 탓에 허탈한 마음으로 리더십에 대해 다시 생각해볼 수밖에 없다.

당신이 생각하는 리더십의 정의는?

몇 년 전부터 고위 간부들에게 리더십을 정의해달라고 부탁했다. 그들의 답변에서 많은 깨달음을 얻을 수 있었다. 리더십의 정의는 매우 다양했다. 리더는 공동의 목적을 위해 일을 진척시키거나 전략적 목표를 달성하기 위해 사람들을 고무시키고 움직이는 사람이라는 답도 있었다. 리더는 미래를 내다보고 대의, 새로운 사고방식 또는 혁신적인 문제 접근법 같은 어떤 유행이나 움직임을 선도하고 사람들이 그를 위해 협동하도록 설득하고 결집한다고 쓴 사람도 있었다. 간부들은 보통 지적 호기심과 비전, 긍정적인 에너지, 카리스마, 의사소통 기술을 리더십의 중요한 요소로 언급한다.

그런가 하면 사람들이 따르게 만드는 것은 시대에 뒤떨어진 개념이고 오늘날 리더십에서 중요한 것은 권한을 위임하고 봉사하는 일이라는 견해도 있었다. 혁신을 추구하고 행동할 수 있는 환경과 조건을 만들어주는 사람이 리더라는 것이다.

이 모든 말에 동의하긴 하지만 완전한 정의는 없는 듯하다.

사뭇 다른 리더십 개념을 가진 좀 더 '실용적'이고 '요령 있는' 간부들도 있다. 그들은 감성이나 자질 등은 근본적으로 리더십과 무관하다고 생각한다. 리더십을 학문적으로 연구한 내용이 흥미롭기는 하지만 결국엔 그리 중요하지 않다고 주장한다. 그들이 생각하는 리더십은 대충 이렇다. "한 가지만 말해보세요. 기업을 운영하는 리더가 수익을 내고 있습니까? 기업이 돈을 벌고 있다면 그 기업을 운영하는 사람은 훌륭한 리더가 분명합니다. 만약 돈을 벌지 못한다면 그 기업을 운영하는 사람은 훌륭한 리더가 아닐 겁니다. 이게 리더십입니다. 리더십은 성과입니다!"

이 정의에 따르면, 리더와 리더십 관행의 정의는 리더가 몸담은 기업과 업계의 상황에 따라 달라진다. 무엇보다 리더는 매출과 수익을 최우선 순위로 두어야 한다. 질적인 것들도 도움이 될 수 있지만 그 무엇도 높은 수익률을 대신할 수 없다.

오로지 결과에만 초점을 맞추는 이 관점은 지나치게 편협하게 느껴질 수 있다. 심지어 특정 부분을 과장하는 것처럼 보이기도 한다. 하지만 의식적으로든 무의식적으로든 리더를 이렇게 결과로 평가하는 사람이 많은 것이 사실이다. 리더는 상황이 순조로울 때 훨씬 더 똑똑하고 유능해 보인다. 재선에 성공했는가? 그렇다면 당신은 유능한 공무원일 것이다. 팀이 우승했는가? 당신은 훌륭한 코치일 것이다. 군사적 임무를 완수했는가? 그렇다면 당신은 뛰어난 지휘관이라는 뜻이다. 회사가 올해 큰 매출을 올리고 있는가? 그렇다면 당신은 노련한 경영자가 틀림없다.

그러나 이렇게 결과에만 집중하는 관점은 통제할 수 없는 외부 요인이 리더에게 엄청난 영향을 미칠 수 있다는 문제를 가진다. 다시 말해 해당 업종이 리더와 잘 맞아야 하고, 경제 상황이 좋아야 하며, 행운도 필요하다.

외부 요인은 주의를 분산시킨다. 그러면 리더는 지속 가능한 기업을 만들어주는, 리더들의 통제하에 있는 관행과 사안들에 능동적으로 집중할 수 없다. 훌륭한 비즈니스 리더라고 칭송받았지만 기업이 수익을 올리지 못하거나 심지어 추락하기 시작하자 가망 없는 실패자로 버려진 사람들의 이야기는 수도 없이 많다.

어떻게 몇 년 만에, 심지어 몇 달 만에, 훌륭한 리더에서 쓸모 없는 사람으로 추락할 수 있을까? 리더십이 그렇게 덧없고 부서지기 쉬운 것인가? 생각만 해도 두려운 일이다. 정말 그렇다면 성공 가능성이 작은 리더십이라는 어려운 과제에 누가 도전하겠는가?

모두가 동의하는 리더십의 의미를 찾아서

몇 년간 리더십의 정의를 살펴본 결과 불편한 깨달음에 이르렀다. 리더십이 무엇인가에 대한 모두가 납득할 만한 정의가 존재하지 않는다는 것이다. 어떻게 그럴 수가 있을까? 리더십에 초점을 맞춰 그 핵심 요소를 분석하는 산업이 있을 정도(나도 그쪽에 종사하고)인데 말이다.

나 역시 간부로 일하는 동안 학자와 실제 간부가 쓴 리더십 관련 저술에서 큰 도움을 받았지만 여전히 리더십이라는 주제와 관련한 혼란이 존재하는 것 같다.

그 혼란이 중요한 이유는, 리더가 어떤 사람인지 헷갈린다면, 실제로 리더가 되었을 때 어떻게 해야 할지 알 수 없기 때문이다.

리더십의 의미를 정확히 알아야 하는 이유

나는 모든 사안을 고려한 결과, 리더십의 수많은 대립적인 개념을 다루고 해결하는 것보다는 리더십의 베스트 프랙티스(Best Practice 모범 사례)를 알려주는 것이 훨씬 효과적이라는 결론에 이르렀다. 개인이 갖고 있는 리더십은 중요한 의미를 지닌다. 그 것이 리더십 저술, 리더십 코칭, 리더십 계발 사례를 받아들이는 방식에 큰 영향을 미치기 때문이다. 대립하는 수많은 개념이 얼 마나 해로운지 과소평가되었을 수도 있다. 그 힘은 우리에게 불 리하게 작용해 널리 공유할 수 있는 리더십의 정의가 나오지 못 하도록 막는다. 모두가 받아들일 수 있는 리더십의 개념이 없는 건 큰 문제이다. 우리는 세상에 리더가 더 많이 필요하고, 더 나 은 리더가 필요하다는 말을 자주 한다. 다들 좀 더 훌륭한 리더가 되고 싶어 한다. 많은 CEO가 조직의 가장 큰 문제는 리더십 부 족이라고 말한다.

하지만 정확히 무엇을 더 원하는가? 정확히 꼬집어 말할 수 없 거나, 원하는 것에 대한 의견이 갈리기 일쑤이지만 어쨌든 리더 십을 더 많이 원한다는 것만은 만장일치로 확실하다!

리더십의 명확한 정의에 대한 합의가 이루어지지 않는다면, 누 구를 고용하고 승진시킬지 어떻게 결정할 수 있겠는가? 리더를 보면 알아볼 수 있을까? 예를 들어, 공직에 출마하는 후보자가 유능한 리더가 되리라는 것을 어떻게 알 수 있을까? 그보다 우리 자신이 리더가 되었을 때 무엇을 어떻게 해야 하는지 알 수 있을까?

이 질문에 답할 때 우리는 보통 개인의 선입견에 의지하거나 과거나 현재 상사의 행동을 떠올린다. 조직 내부나 외부에서 다른 사람들에게 조언을 구할 수도 있다. 하지만 그 조언들은 대개 모순적이다. 조언해주는 사람에 따라 리더가 어떻게 행동해야 하는지에 대한 생각이 제각각 다르기 때문이다.

결과적으로 우리는 리더가 되면 허둥지둥하면서 즉흥적으로 행동할 것이다. 상사라면 어떻게 할지 생각해보거나 회사의 사례나 과거 효과적이었던 방법에 의지하거나 다른 사람들이 비슷한 상황에서 어떻게 하는지를 참고할 것이다. 전에 없었던 새로운 상황이 발생하면 그냥 본능에 따라 움직인다. 이런 접근법이 꼭 나쁜 것만은 아니다. 하지만 어떤 상황에서 팀이나 회사의 구성원들이 각자의 방법대로 서로 다르게 대처한다면 분열이나 혼란이 일어날 수 있다.

리더가 하는 일의 핵심 요소와 그것을 개인의 현재 업무 및 일상생활에 적용하는 방법에 대한 보다 널리 공유된 이해가 존재한다면 도움이 되지 않을까? 개인과 조직의 효율성을 높이는 데 도움이 되는 훌륭한 조언과 베스트 프랙티스를 정리해주는 틀이 있는가?

이 부분에 대한 이해가 커진다면 업종, 기업, 개인의 특징에 맞는 행동을 취할 수 있을 것이다.

리더십 프레임 만들기

지난 몇 년간 나는 리더십을 이해하기 쉽게 설명하고, 정의하고자 애썼다. 수많은 학자와 실무자들의 연구에 나 자신의 경험을 보탰다. 접근하기도 쉽고 이해하기도 쉬운 용어로 리더십을 구분하기 위해 노력했다. 내 목적은 사람들이 개인의 성격에 맞는 행동을 할 수 있도록 돕고, 자신과 조직의 포부를 더욱 키우게 하는 것이다.

이 책은 리더십을 키우는 여정을 위한 계획을 제공할 것이다. 리더십은 주체적인 책임 의식에서 시작한다. 이 말은 이런 뜻이다. 당신은 의사 결정자의 입장에서 생각하고, 결과에 책임을 지는가? 다른 사람의 능력을 키우는 일에 집중하는가? 자신의 행동이 사람들에게 미치는 긍정적이거나 부정적인 영향에 책임을 지는가? 리더가 되는 방법과 자신을 이해하는 법을 끊임없이 연구하고 배우는가? 앞으로 이 책을 읽으면서 계속 확인하겠지만 리더십과 책임 의식은 서로 밀접한 관련이 있다.

책임 의식을 기르고 리더가 되는 법을 배우기로 마음먹으면, 주변 사람들에게도 똑같이 행동하도록 권한을 부여해 당신의 효율성을 높일 수 있다. 또한 이 책에서는 다른 사람들을 참여시켜 당신의 리더십을 크게 개선하는 방법을 살펴볼 것이다. 또 유능한 리더가 되기 위한 자기 계발의 여정을 시작하는 데 필요한 행동도 소개할 것이다.

이러한 제안들이 당신이 리더로서 행동하는 데 필요한 확고한 마음가짐을 갖도록 도와주고, 당장 지금부터 활용할 수 있는 도구와 기술을 제공하며, 나도 리더가 될 수 있다는 사실을 깨닫는 데 도움이 되었으면 좋겠다. 당신이 언젠가 리더가 될 때까지 마냥 기다리거나 리더십을 다른 누군가에게 떠넘기지 않도록 하는 것이 나의 목표다. 내일이나 먼 훗날이 아니라 당장 오늘부터 주체적으로 생각하고 리더가 될 수 있으며 반드시 그래야만 한다고 당신을 설득할 것이다.

이 책은 다섯 개의 장으로 이루어져 있다.

1장 리더십의 구성 요소

리더란 무엇인가? 책임 의식은? 이 장에서는 리더십을 구성하는 중요한 요소들을 살펴보고 진정한 리더가 되기 위한 여정에서 반드시 답해야 하는 몇 가지 질문을 제시한다. 여기에는 지적인 문제를 다루는 질문과 감정적인 문제를 다루는 질문이 포함된다.

이 질문들을 살펴보면 당신이 리더십에 대해 본능적으로 어떻게 생각하고 있는지 확인할 수 있을 것이다. 몇 가지 가정은 재고할 필요가 있을지도 모른다. 과거의 경험을 바탕으로 만들어진 이론들이 더 굳어질 수도 있다. 그것은 자신의 본능과 이론을 훨씬 더 실행 가능하게 만들 것이다. 또한 후회의 원인이 된 과거의 어떤 사건이 자신이 이미 리더였지만 리더처럼 행동하지 못했기 때문이라는 사실을 깨달을 수도 있다.

현실에서는 '새롭게 도전할' 기회가 주어지지 않을 때가 많다. 하지만 과거로부터 배우고 다음에는 어떻게 다르게 행동할 것인지 생각해보는 것은, 행동을 바꾸고 새로운 미래를 만드는 매우 생산적인 일이다. 이 장은 회사, 가족, 공동체에서 중요한 변화를 만들어내는 힘이 바로 '지금' 내 안에 있음을 깨닫게 해줄 것이다.

리더십은 대통령이나 장군, CEO 같은 '거물'만을 위한 것이 아니다. 초대장을 받아야만 리더가 될 수 있는 것도 아니다. 리더십은 당장 오늘부터 실천에 옮길 수 있는 마음가짐과 행동 방식이다.

2장 리더의 도전과제

1장의 내용을 읽고 "뭐가 그렇게 어려워?"라고 느꼈다면, 이 장에서는 그에 대한 좋은 해결책을 찾을 수 있을 것이다. 리더의 자리는 어려움이 많은 자리이고, 사람들이 리더로서 실패하는 이유는 진화하는 리더의 임무를 수행하는 데 필요한 역량을 계발하지 못해서인 경우가 많다. 배움에 개방적이고, 고립의 위험을 피하며, 어느 정도의 취약점을 받아들이는 것은 지속 가능한 리더십의 매우 중요한 요소이다.

아직 자기주장을 하고 영향력을 발휘하는 행동을 할 만한 '상태'가 되지 않은 사람들이 많다. 한동안 순조롭다가 뭔가 변화가 일어났는데 새로운 상황에 적응할 수 있는 능력이 없을 수도 있다. 이 장에서는 리더가 실패하는 몇 가지 이유를 살펴보고, 리더로서 맞닥뜨린 난제를 해결하는 데 활용할 수 있는 몇 가지 도구를 알아본다. 첫 번째 도구는 질문하고 타인의 말에 귀를 기울이는 자신감이다. 이를 통해 리더십이 능력이나 힘, 자원을 뜻하는 것이 아님을 확인할 수 있다. 리더십은 마음가짐이고, 자신과 자신이 놓인 상황을 제대로 이해하는 능력이다.

리더의 흥미로운 실패 원인은 또 있다. 주변 사람들은 그들이 처한 상황과 필요한 해결책을 명확하게 파악했는데 리더 혼자 눈이 멀어 그를 보지 못했기 때문이다. 이 장에서는 리더십의 함정과 리더의 사각지대를 소개하고, 과정을 보다 명확하게 인식하고 실패 가능성을 줄여주는 행동에 대해 살펴볼 것이다.

3장 리더가 거쳐야 할 필수 과정

이 장에서는 리더십 기술을 개선하기 위해 밟아야 하는 단계들을 살펴본다. 이 책에서 소개하는 리더십 개념의 틀에는 리더십 역량을 쌓은 후 유지하기 위해 반드시 숙달해야만 하는 세부 프로세스와 습관이 포함되어 있다. 첫 번째는 지적인 과정이다. 명확한 비전을 찾고, 그에 따른 우선순위를 정한 다음, 비전과 우선순위를 일치시켜야 한다. 두 번째 과정은 첫 번째보다 형태가 불분명하고 복잡하며 자신을 이해하는 데 초점이 맞춰져 있다.

당신은 의식하지 못하지만 이 프로세스를 매일 실행하고 있을 수도 있다(혹은 하고 있지 않거나). 이 과정에 숙달하려면 엄청난 노력과 지속적인 관심이 필요하다. 리더십은 존재 상태가 아니고 마침내 도착하기만 하면 휴식을 취할 수 있는 목적지도 아니다. 오히려 리더십은 끝없는 성실함과 집중, 관심이 필요한 여정이다. 나는 이 프로세스가 몸매를 관리하거나 체중을 줄이는 것과 비슷하다고 생각한다. 리더처럼 행동하는 역량도 마찬가지로 조금만 노력을 게을리하면 약해진다.

이 장에서는 비전과 우선순위, 일치 과정뿐 아니라 자신을 이해하기 위한 노력에 대해서도 살펴본다. 이 프로세스 중에서 당신에게 유독 쉬운 것들이 있을 것이다. 이러한 노력은 동시에 기울여야 하는 까닭에 매우 힘든 과정이 될 수도 있다. 어느 하나에 관심을 쏟지 않으면 나머지 프로세스를 달성하기가 더 어려워지기도 한다. 이 장에서는 리더십 역량을 계속 발전시키기 위해 던져야 하는 매우 구체적인 질문들을 제시할 것이다.

4장 혼자서는 할 수 없다

리더십은 팀 스포츠이다. 나의 성공은 다른 사람들의 행동이나 기여와 밀접한 관련이 있다. 혼자서 훌륭한 리더가 되거나 리더십 역량을 발전시킬 수 있는 가능성은 거의 없다. 다른 사람들과 관계를 쌓고 함께 일하지 않으면 이 책에 나온 방법들을 활용하기가 훨씬 어려워진다. 서로에 대한 이해와 신뢰, 존중을 바탕으로 맺어진 관계가 있는가? 당신은 누군가와의 관계에서 자신에 대한 정보를 드러낼 수 있는가? 썩 기분 좋지 않지만 꼭 필요한 피드백을 해줄 동료나 친구가 있는가?

이 장에서는 리더십 역량 계발에서 관계가 차지하는 중요성을 살펴볼 것이다. 효과적인 관계 구축을 위해 거쳐야 하는 단계를 소개하고 다른 사람들과 더 효과적으로 유대감을 쌓는 기법도 설명한다. 이 기술을 익히기 시작하면 이 책에 나오는 다른 모든 방법을 활용하기가 훨씬 더 쉬워진다.

5장 책임 의식을 갖기 위한 중단 없는 도전

이 책에 나오는 대로 해서 정말로 성취감이 충만한 삶을 살 수 있다면, 당신은 어떻게 하고 싶은가? 어떤 도구와 기법을 활용해 시작하고 싶은가? 도구들을 어떻게 활용할 것인가? 어디에서 시작해야 할까?

이 장의 목적은 당신이 이 여정을 시작하게 하는 것이다. 지금의 자리에서 여행을 떠날 수 있도록 도와줄 것이다. 당신이 진심으로 중요하게 생각하는 것이 무엇인지 살펴보는 일부터 한다. 무엇이 삶에 큰 의미를 부여하는가? 당신은 어떤 기술과 열정을 갖고 있는가? 당신에게 성공이란 무엇인가? 자신의 꿈을 따라가고 있는가, 아니면 다른 사람의 꿈을 따라가고 있는가? 잠재력을 발휘하기 위해 어떤 행동을 하고 싶은가?

세상은 도전과 기회로 가득하다. 이 장에서는 다음에 무엇을 할지 생각해보면서 당신의 능력을 최대한 활용하기 위한 몇 가지 방법들을 제시할 것이다. 내적 동기부여 요인과 외적 동기부여 요인에 대해 알아보고 자신에게 대입하는 방법도 살펴본다. 이 장은 속도는 느릴지 모르지만 신중하게 새로운 도전을 시작하도록 당신을 자극할 것이다.

다섯 장의 내용은 부록 '리더에게 정말로 필요한 것'에 요약되어 있다. 개념의 틀로도 유용하지만 훈련 참고 자료로도 쓸모가 있을 것이다.

시작하기

내가 이 책을 통해 이루고자 하는 것은 사람들에게 자신도 리더가 될 수 있다는 믿음을 주는 것이다. 또한 리더십을 계발하고 리더십 기술을 크게 향상할 수 있도록 돕는 것이다. 가장 중요한 것은, 책임 의식과 끊임없이 배우는 자세를 갖는 일이다. 세상을 제대로 바라보고 세상을 바꾸는 데 이바지하기 위해 자신이 할 수 있는 일이 무엇인지 알 수 있도록 다양한 사안을 논의하고 구체적인 행동을 제안한다. 지금은 물론 미래에 리더십을 제대로 발휘할 수 있게 해주는 것이다.

앞에서 말한 것처럼 리더십에는 초대장이 필요하지 않다. '중요한 사람'만 발휘할 수 있는 것이 아니기 때문이다. 리더십은 돈, 권력, 직위 자체는 아니지만 좋든 싫든 꿈을 좇는 능력에 영향을 미친다. 리더십은 막연히 '언젠가' 특정한 나이에 이르거나 더 많은 기술을 갖추거나 더 큰 힘을 행사할 수 있게 될 때 발휘할 수 있는 것도 아니고 그때를 위해 남겨두어야 하는 것도 아니다.

리더십은 지금, 그리고 평생 자신의 특별한 능력을 활용하는 방식이다. 배우는 과정과 행동 변화에 대한 개방적인 태도를 포함한다. 리더십은 존재 상태나 목적지가 아니라 열심히 노력해야 하는 과정이다.

세상의 진보는 기꺼이 이 활동에 참여하려는 당신의 의지에 달려있다. 현재 직면한 문제를 다루는 것은 물론이고, 현재로서는 상상조차 할 수 없는 미래의 문제를 해결할 수 있는 역량을 계발해야만 세상이 발전한다. 세상의 문제들은 앞으로 몇십 년 동안 '다른 누군가'에 의해 해결되지 않을 것이다. 당신이나 당신 같은 사람들이 어떻게 하느냐에 따라 세상의 문제가 해결되거나 혹은 해결되지 않은 채 남겨질 것이다.

세상은 당신의 리더십을 필요로 한다.

- 자신이 생각하는 리더십에 대한 정의를 적는다. 리더십의 핵심 요소는 무엇인가?

- 그렇게 정의하게 된 이유는 무엇인가? 이를테면 대중문화 속의 롤 모델, 부모, 과거의 상사, 선생님, 공인 등이 영향을 끼쳤을 수 있다. 리더십에 대한 정의를 생각할 때 가장 먼저 떠오르는 특징은 무엇인가? 예를 들면, 리더는 외향적인 성격이어야 한다거나 리더십을 발휘하기 위해서는 카리스마가 필요하다거나 공식적인 권한이 있어야만 한다는 생각 등이 있다.

- 이 정의가 현재 당신이 리더십을 발휘하는 데 도움이 되는가, 아니면 방해가 되는가? 어떤 식으로 당신을 가로막는가? 배우는 태도를 갖거나 리더십 능력을 키우기 위해 어떻게 노력할 것인가?

차례

|제1장|

리더십의 핵심 구성 요소

|제2장|

리더의 도전과제

| 제5장 |

책임 의식을 갖기 위한 중단 없는 도전

리더십의 핵심 구성 요소

'내 일의 주인은 나'라는 책임 의식이 갖는 힘

리더십은 행동이다. 리더십은 지위나 존재적 상태가 아니다. 리더십 잠재력은 당신이 어떤 사람이고 인생에서 어떤 경험을 했느냐로 결정되지만 그 잠재력의 실현을 좌우하는 것은 행동이기 때문이다.

행동은 긍정적인 결과를 가져올 수도 있고, 부정적인 결과로 이어질 수도 있다. 물론 결과는 외부 요인의 영향을 받는다. 하지만 흑자를 거두거나 최고 실적을 달성하거나 선거에서 이기거나 거래 계약을 따내는 것과 같은 성과는 바람직한 행동을 오래 계속한 결과일 때가 많다.

요컨대, 결과는 그 자체로는 좋은 리더십을 정의할 수 없다. 하지만 일반적으로 좋은 결과는 좋은 리더십의 결과로 생긴다.

제1장 리더십의 핵심 구성 요소

리더십이 먼저 오래전부터 효과적으로 발휘되어야만 좋은 결과가 이어질 수 있다. 즉 리더십은 결과에 선행한다. 마찬가지로 현재 결과가 좋으면 나쁜 리더십이 가려져 보이지 않기도 한다. 몇 년 동안 분명하게 드러나지 않아 실제로 피해를 막기에는 너무 늦어버릴 수도 있다.

일관적인 좋은 결과보다 효과적인 리더십이 선행되어야 한다면, 효과적인 리더십의 핵심 요소는 무엇일까? 효과적인 리더십의 스타일이 다양하게 존재한다면 서로 공통점이 있을까? 답은 '그렇다'이다.

효과적인 리더십은 올바른 사고방식을 갖는 것에서 출발한다. 특히 오너십 마인드셋(ownership mindset), 즉 주체적인 책임 의식을 갖는 것으로 시작된다. 이것은 의사 결정자의 입장이 되어 생각하고 행동한다는 뜻이다. 내가 의사 결정자라면 어떻게 할지를 전체적으로 짚어보는 것이다.

유능한 리더로 성장하려면 책임 의식이 필수다. 마찬가지로 책임 의식이 없으면 아무리 장래가 촉망되는 유능한 인재라도 절대로 잠재되어 있는 리더십을 제대로 발휘하지 못한다.

책임 의식과 관련된 세 가지 필수 요소를 질문 형태로 표현해 보면 다음과 같다.

- 일의 주인으로서 내 신념은 무엇인가?

- 그 신념에 따라 행동할 수 있는가?

- 소비자, 고객, 동료, 공동체 등 타인의 가치를 높여주는 행동을 하고 있는가? 타인에게 끼치는 긍정적이거나 부정적인 영향에 책임을 지는가?

이 요소들은 직위에 따른 공식적인 임무와는 상관없다. 주체적으로 행동하게 해주는 효과는 있지만 직급이나 권력, 부와도 상관없는 것들이다. 이 요소들은 당신이 하는 행동에 관한 것이다. 자신의 신념과 행동, 타인에게 끼치는 영향을 생각해보는 것은 책임 의식을 갖는 것과 관련이 있다. 모든 훌륭한 조직에는 이 세 가지 요소를 중요하게 여기고 직원들에게 그런 생각과 행동을 장려하는 간부들이 있다.

이 장에서는 주체적인 책임 의식의 핵심이 무엇이고 그것을 어떻게 효과적인 리더십으로 바꿀 수 있는지 알아볼 것이다. 이 개념이 당신이나 당신의 삶과 어떤 연관이 있는지도 함께 살펴보겠다.

내 신념은 무엇인가?

●

세상에는 의견이 넘쳐난다. TV와 라디오는 물론이고 각양각색의 매체에 정부 관계자와 기업 간부들에게 전문적인 조언을 하는 사람들이 등장한다. 우리도 저녁 모임이나 칵테일파티에서 혹은 회사 휴게실에 삼삼오오 모여 사람들에게 자기 의견을 이야기한다. 이건 어떻게 해야 하는지 저건 또 어떻게 해야 했는지 또 상사에게 부족한 점은 무엇인지. 보통 이런 잡담은 별다른 위험이 따르지 않고 어차피 대화 내용을 자세히 기억하는 사람도 없다. 재미있고 흥미로울 수는 있다. 우리는 사람들에게 견해를 제시할 때면 종종 자신감이 커지는 것을 느낀다. 중요한 문제에 대한 내 생각을 말하는 것이기 때문이다. 자신의 관점을 분명하게 얘기하는 게 리더의 행동이라고 생각하기도 한다.

우리는 업무 관련 사안에 대해 자신의 직급이나 속한 부서의 입장에서 제한된 관점을 제시하기도 한다. 혹은 어떤 사안에 대해 충분히 생각하거나 여러 고객의 이해관계를 깊이 따져보지도 않고 견해를 제시할 때도 있다. 상사가 중요한 의사 결정을 내릴 때 참작할 견해인데도 말이다. 그 이유는 더 많은 정보에 접근할 수 없거나 관점을 넓혀 어떤 사안을 바라보는 것도 업무의 일부라는 생각 자체를 하지 못하기 때문이다.

이런 제한적인 의견 제시가 적절할 때도 있지만 리더십의 구성 요소는 아니다. 리더십에는 더 많은 것이 필요하다. 리더십은 내가 내 일과 더 나아가 회사의 주인이라는 데까지 시야를 넓혀 자신의 신념을 파악하는 것에서 시작한다.

짐에게 부족한 것

소비재 회사의 부사장인 짐이 최근 무척이나 당황스러운 일을 겪었는데 도대체 뭐가 잘못되어 그런 일이 일어났는지 알 수 없어 조언을 구하고 싶다면서 내게 전화를 걸어왔다. 그는 내 수업을 들은 적이 있는 학생이다.

최근에 짐은 중요한 신제품 출시와 관련된 업무를 맡았다. 그는 회사의 중요 부서를 이끄는 수석 부사장이 지휘하는 다기능 신제품 팀의 핵심 멤버였다. 이 팀은 디자인과 포장, 마케팅, 유통 전략 등 신제품을 기획하는 업무를 맡았다. 이 신제품은 짐의 회사에 매우 중요한 의미가 있었다. 몇몇 주력 제품들의 시장 점유율 줄어들고 있는 까닭에 새로운 성장 방안을 최대한 빨리 찾지 않으면 안 되었기 때문이다. 경영진은 이 신제품이 중요한 소비자들의 니즈를 충족시키고 시장에서 회사의 입지를 다시 견고

제1장 리더십의 핵심 구성 요소

하게 해주리라고 생각했다.

프로젝트팀의 멤버들에게는 신제품 출시와 관련된 업무가 하나씩 주어졌다. 짐이 맡은 업무는 신제품의 판매시점 관리(point-of-sale) 프로모션에 집중하는 것이었다. 그가 맡은 업무는 크게 중요한 것은 아니었지만 그래도 프로젝트의 중요성이나 조직의 중요한 인물들이 참여한 것을 고려할 때 그는 좋은 기회라고 생각했다. 몇 주 후에 짐은 슈퍼마켓과 드러그스토어 등 소매업체의 형태에 따른 상품 진열과 배치에 대한 상세한 계획안을 작성했다. 곧 있을 일부 지역 제품 테스트에서 사용할 판매시점 관리 관련 자료도 준비했다.

프로젝트팀은 일주일에 한 번 만나 각 구성원이 맡은 업무에 대해 보고했다. 수석 부사장은 모든 팀원이 신제품 출시와 관련한 전반적인 계획을 처음부터 끝까지 파악하기를 원했다. 그는 팀원들이 서로 질문하고 서로의 업무를 이해함으로써 좀 더 효과적인 출시 전략이 나올 수 있기를 바랐다.

처음에 짐은 자신의 일 처리에 매우 만족했다. "저는 제가 아주 잘 해냈다고 생각했습니다." 그가 말했다. 그는 계획을 치밀하게 세우기 위해 몇 명의 직원들로 하위 그룹을 꾸렸다. 업무 경과가 상당히 만족스러웠다. 그래서 그다음에 일어난 일이 더욱더 당황스러울 수밖에 없었다.

프로젝트가 후반부에 이르렀을 때 짐은 회의에서 최종 권고안을 제출하라는 요청을 받았다. 그런데 놀랍게도 몇몇 팀원이 그의 권고안을 강하게 비판하는 게 아닌가. 짐이 작성한 내용이 신제품의 특성이나 가격대, 잠재적 소비자의 구매 행위와 맞지 않는다는 것이었다. 이 신제품의 포지셔닝과 가격은 소비자의 계획적인 구매 행위를 겨냥해야 하는데, 짐의 판매시점 관리 포지셔닝은 충동구매와 더 어울린다는 주장이 지배적이었다.

짐은 큰 충격을 받았다. 회의가 끝난 후 팀 리더가 그를 따로 불러 출시 예정 제품에 대해 얼마나 이해하고 있느냐고 물었다. "저는 회의에 빠지지 않고 참석했고, 모든 내용을 숙지하고 있습니다." 짐은 대답했다. 리더는 만약 그게 사실이라면 어떻게 제품 포지셔닝이 다른 팀원들과 그렇게 동떨어질 수 있느냐고 되물었다. 짐은 회의에서 들은 내용을 참고했으며, 과거에 성공적으로 신제품을 출시한 경험을 잘 이용했다고 생각한다면서 반박했다.

리더는 짐에게 계속해서 구체적으로 이렇게 물었다. "자네는 누가 이 제품을 살 것이라고 생각하지? 가격은 어떻게 책정해야 할까? 포장은?" 짐은 그런 문제들은 자신이 프로젝트에서 맡은 업무가 아니므로 생각해보지 않았다고 솔직하게 말했다. 다른 팀

제1장 리더십의 핵심 구성 요소

원들이 걱정할 문제라고 말이다.

팀의 리더는 이 말에 크게 화를 냈다. 그는 회의를 끝내기 전에 짐에게 좁은 범위의 특정한 책임을 맡은 팀의 일원이 아니라 만약 팀의 리더라면 질문에 어떻게 대답할지 생각해보라고 충고했다.

리더의 충고를 제대로 이해할 수 없었던 짐은 이 문제에 대한 내 생각을 들어보고, 리더의 말에 어떻게 대답해야 하는지 조언을 구하려고 연락한 것이었다. 내 대답은 단순명료했다. "짐, 자네 팀의 리더가 아주 훌륭한 조언을 해주었군. 나도 그 사람의 말에 동의하네. 자네가 책임자라고 생각해보게. 상사나 회사의 대표라고 말이야. 이번 신제품 출시에 자네의 인생이 걸렸다면 어떻게 하겠는가? 자네는 똑똑한 사람이니까 자신이 주체라는 생각을 갖고 질문에 답해보게."

짐은 이런 접근법은 한 번도 생각해보지 못했다고 인정했다. 현재와 과거의 상사들이 이런 식으로 생각하거나 행동하도록 유도한 적이 없어서이기도 했다.

"그렇게 하려면 제가 많이 생각하고 다각도로 분석할 필요가 있겠군요. 진지하게 자신을 돌아보기도 해야 하고요. 그런데 이게 제 역할인 게 확실한가요? 제가 그런 것까지 다 해야 하는 겁니까?"

"그렇네." 내가 대답했다. "리더가 되고 싶으면 말이야. 자네는 분명 리더가 되고 싶을 테지."

그는 도전과제를 진지하게 받아들였다. 다른 팀원들을 인터뷰하고 자신의 폭넓은 기술과 재능을 활용해 신제품의 포지셔닝과 관련된 모든 측면을 철저히 따져보았다. 몇몇 소매 매장을 골라 타사는 어떻게 제품을 포지셔닝했는지 알아보기까지 했다. 그러자 자신이 처음에 내놓은 제안이 기껏해야 피상적이고, 최악의 경우, 지금껏 알아낸 효과적인 신제품 전략과 근본적으로 어긋난다는 사실이 보이기 시작했다.

짐은 자신의 일 처리가 형편없다는 충격적인 깨달음에 이르렀다. 그는 프로젝트를 추진하면서 맡은 업무에 리더의 마음가짐으로 임하지 않았다. 그래서 좋은 결과를 낼 수 없었고 다른 사람들에게 나쁜 평판을 얻었다. 짐은 용기 내어 모든 팀원과 리더에게 사과하기로 마음먹었다.

팀원들은 짐의 사과를 너그럽게 받아주었다. 자신이 틀렸음을 인정하고 일을 처음부터 다시 시작한 그의 용기 있는 행동에 좋은 인상을 받은 것이다. 짐은 새로운 제품 포지셔닝 전략을 제안했고, 곧바로 팀원들의 승인을 받았다. 팀의 소중한 일원으로 돌

제1장 리더십의 핵심 구성 요소

아와 환영받는 기분이었다.

그는 이 경험을 통해 값진 교훈을 얻었다. 회사에서 떠오르는 스타로 인정받는 수석 부사장의 말이 짐이 깨우친 교훈을 되새겨주었다. "짐, 이제부터 자네가 회사의 리더처럼 행동하기를 바라네. 자네에게는 커다란 잠재력이 있어. 하지만 주체적으로 생각해야 그 잠재력을 발휘할 수 있다네. 자신의 임무를 좁게 정의하지 말고 넓게 정의해야 좋은 전략을 찾을 수 있다는 것을 잊지 말게."

짐은 앞으로 직원의 관점에서 업무를 좁게 살피기보다 자신이 리더라는 마음가짐으로 접근하기로 다짐했다. 새로운 마음가짐으로 임하자 사고가 명확해지고 업무의 효율성도 올라갔다. 이제 그는 새로운 관점으로 생각과 행동을 판단하게 되었다.

소신이 필요한 이유

"주체적으로 생각하라." 말은 쉽지만 행동으로 옮기기는 어렵다. 주체적으로 생각하려면 의사 결정자의 입장이 되어야 한다. 당신은 그런·입장이 되고 싶지 않을 수도 있다. 부담이 크고, 고려해야 할 사항도 너무 많고, 관련자들도 지나치게 많다. 현대 사회는 지나치게 복잡하고 끊임없이 변화하는 데다 무수히 많은 문제들이 있다. 그래서 '젠장, 그건 내 일도 아니잖아!'라고 편협한 사고방식을 합리화하기 쉽다.

하지만 이것은 당신이 해야 하는 일이 맞다. 리더가 되고 싶다면 말이다. 답답하고 괴롭고 엄청난 스트레스를 받을 수도 있지만 어쩔 수 없다. 익숙해져야만 한다. 연습할수록 더 잘할 수 있다.

주체적으로 생각하는 것이 업무 효율성을 높이는 데 중요하다는 사실을 믿고 그 믿음을 내면화해야 한다. 주체적으로 생각한다는 것은 소신이 있다는 뜻이다. '소신'은 어떤 일에 대한 믿음이 기준값을 넘어설 정도로 강력하다는 것을 뜻한다.

리더 대다수는 특정한 상황에서 어떻게 할 것인지 결정하는 데 바탕이 되는 소신을 얻고자 평생 노력한다. 하지만 현실적으로는 확고한 관점이 없는 경우가 많다. 그들은 임계 수준의 소신을 얻을 때까지 계속 정보를 모으고, 고민하고, 평가한다.

그런가 하면 어떤 리더들은 너무 빨리 확신에 도달하거나 처음부터 소신이 너무 강한 것을 경계할 필요가 있다. 현명한 결정을 내리는 데 필요한 중요한 고려사항을 빠뜨릴 수도 있기 때문이다. 모든 사람에게는 미처 살피지 못하는 사각지대가 있다. 개인적인 사상이 관점에 영향을 준다거나, 미묘한 편견을 미처 인지하지 못할 수도 있다. 따라서 우리는 충분한 시간을 가지고 각자

제1장 리더십의 핵심 구성 요소

정보를 수집한 후에 나와 다른 주장을 살펴 균형 잡힌 판단에 도달해야 한다.

요점은 소신을 갖는 과정이 힘겨울 수 있다는 것이다. 상황적 요인과 고려사항이 항상 변화하는 데다 경쟁업체들이 중대한 행보를 보이기도 하고, 기업의 주력 상품이 범용화되어 차별성을 잃을 수도 있다. 게다가 같은 상황이라도 사람마다 관점이 달라서 취해야 하는 행동에 관한 생각이 제각각이다. 리더들은 이러한 모든 요소에 대처하기 위해 상황을 분석하고, 다른 사람들의 조언과 피드백을 구하며, 대안을 논의하고, 개괄적으로 깊이 숙고해야만 한다. 이 과정이 힘들고 고되게 느껴질 때가 많다.

이런 고된 과정을 거칠 때 정확히 어떻게 해야 하는지 항상 알 필요는 없다. 언제나 정답을 알아야 하는 것은 아니다. 하지만 리더는 핵심 사안에 대한 소신을 얻기 위해 끊임없이 노력해야만 한다. 그러려면 어떻게 해야 할까? 리더와 팀원들은 올바른 판단을 내리는 데 필요한 단계를 밟는 것에 집중해야 한다.

연습을 반복하면 자기 자신을 이해하고 소신이 있다는 것이 어떤 느낌인지 알게 될 것이다. 소신과 확신을 계속 구하다 보면 점점 익숙해지고 찾기 수월해진다. 리더는 주체적으로 행동하지 못하는 핑곗거리를 찾지 않는다. 대신 그들은 책임 의식을 기른다는 도전과제를 받아들이고 팀원들에게도 똑같이 이를 장려한다. 의사 결정자의 입장에서 생각하라는 상사의 격려는 직원이 성장하는 데 큰 도움이 된다. 나에게 이런 말을 자주 해준 상사가 있다. "훌륭한 직원은 자신의 업무를 넓게 정의하지. 항상 몇 직급 위를 기준으로 생각한다는 뜻일세."

하버드를 포함한 다수의 경영대학원이 수업에서 사례 연구법을 활용하는 이유도 그 때문이다. 물론 사례 연구는 분석 기법을 가르치는 데 사용될 수 있지만 내가 보기에는 확신과 소신에 이르는 방법을 배우는 연습법이다. 어떤 사례에 관한 모든 사실을 수업 이전과 수업 시간에 연구하고 스터디 모임에서 토론한 후에는 어떤 믿음을 갖게 될까? 당신이 사례 속 주인공의 입장이라면 어떻게 하겠는가?

사례 연구법은 리더들이 매일 겪는 일들을 시뮬레이션해준다. 의사 결정자들은 매일 눈보라처럼 많은 사실들을 마주한다. 사실 그 정보라는 것도 불완전하고 모순되는 경우가 많아 혼란스럽다. 리더들은 동료들의 도움으로 상황을 정리해야 한다. 학생들은 사례 연구를 통해 의사 결정자의 입장에서 생각해보고 제 나름의 소신과 확신에 이르는 법을 배운다.

다양한 범위의 기술을 활용할 수 있기 때문에 직장에서 이러한

제1장 리더십의 핵심 구성 요소

사고방식을 갖는 것은 매우 중요한 일이다. 이를 통해 특정 비즈니스 과제를 해결하기 위해 어떤 분석과 작업이 추가로 필요한지 파악할 수 있다.

리더는 항상 확신을 가질 필요는 없지만 확신에 도달하는 방법은 배워야 한다. 이 과정에는 끝이 없다. 생각하는 방식이기 때문이다. 예기치 못한 새로운 도전에 직면할 때마다 확신을 찾아야한다. 스스로 물어봐야 한다. 내가 믿는 것은 무엇인가? 내가 의사 결정자라면 어떻게 할까?

리더가 되려고 하는 사람은 '나에겐 그런 권한이 없어. 이건 내 업무가 아니야. 회사에서 내 생각에 관심 있는 사람은 아무도 없어. 시간도 없는데' 같은 핑계를 늘어놓으려는 유혹을 이겨내야 한다. 이런 변명은 뒤로하고 자신이 의사 결정자라고 생각해야 한다. 이렇게 하면 책임 의식의 무게를 더 잘 느낄 수 있을 것이다.

주체적인 책임 의식 연습하기

이 연습을 한 번 해보자. CEO가 느끼는 모든 압박감에 대해 생각해본다. CEO는 직원, 고객, 일반 대중, 운영자 등 관련 있는 모든 사람들을 고려하지 않으면 안 된다. 그뿐만이 아니다. 경쟁의 압력, 업계의 판도를 흔드는 파괴적 혁신은 물론 윤리적, 법적, 경제적 문제를 고려해 핵심 사안을 결정해야 한다. 이렇게 여러 사항을 고려하려면 하나는 얻고 하나는 잃기 마련이므로 수많은 이해관계의 균형을 맞추느라 긴장감이 형성되기 쉽다. 당신이 의사 결정자라고 생각해보자. 모든 사항을 어떤 식으로 고려할 것인가? 한쪽을 만족시키거나 한 측면을 고려한 선택에 대해 다른 쪽이 불만을 가질 경우 어떻게 할 것인가?

다양한 상황에서 이런 분석을 하는 연습을 한다. 이 사고방식은 당신의 업무에 어떤 영향을 끼치는가? 이 접근법과 사고방식 훈련은 당신의 관점을 크게 넓히고, 통찰력과 의사 결정 능력은 물론 전반적인 업무 효율성을 높여줄 것이다.

선거 후보들은 막상 당선되면 공약을 지키지 않는 경우가 많다. 그 이유가 무엇일까? 선거에서 이기기 위해 거짓말을 한 것처럼 보이기도 한다. 하지만 대개는 그들이 의사 결정자라는 책임이 막중한 자리에 앉았기 때문인 경우가 많다. 의사 결정자가 아니었을 때 외부인의 관점에서 간과한 중요한 요인들을 이제는 전부 고려하지 않으면 안 되는 것이다. 전쟁에 군대를 파견하는 결정에 따르는 엄청난 부담감, 세금 인상에 대한 반감, 각종 로비 집단의 영향력, 유권자들의 지지가 떨어질 경우의 불안감이 이제 그들에게 크게 다가오기 시작한다.

제1장 리더십의 핵심 구성 요소

주체적으로 생각하기는 쉽지 않다. 하지만 오늘 연습을 시작한다면 점점 더 잘하게 되고 익숙해져서 제2의 천성으로 자리잡을 것이다. 경영진과 고위 리더들의 생각에 공감하고, 존중할 수 있게 될 것이다. 계속 연습한다면 이 방법이 가진, 당신의 최고 역량을 끌어내는 강력한 힘을 느끼게 될 것이다.

소신을 행동으로 옮기는 능력

●

어떤 사안에 대해 소신과 확신을 갖게 되었을 경우, 그를 행동으로 옮길 수 있는가?

리더십은 궁극적으로 작거나 큰 행동으로 하는 방법을 찾는 것이다. 책임자의 입장에서 확신하고도 행동으로는 옮기지 못하는 사람들이 많다.

그 이유가 무엇일까? 사람들이 생각을 행동에 옮기는 데 실패하는 이유는 여러 가지가 있다. 행동에는 어느 정도 위험이 따른다. 사람마다 타고난 성향이 달라서 어떤 행동을 하는 데 크게 불편함을 느낄 수도 있다.

행동하지 못하게 막는 위험과 두려움의 종류를 일일이 다 설명하자면 책 한 권을 다 채워도 모자랄 것이다. 어떤 사람들은 자신의 의견이 파장을 일으킬까 봐 두려워하고, 어떤 사람들은 상사를 언짢게 하는 것을 기피한다. 자신의 판단이 틀려서 바보같이 보일 것을 걱정하는 사람도 있다. 상사의 반대와 무시 혹은 남들에게 미움을 받을까 봐 겁을 내기도 한다. 또 어떤 사람들은 어떤 행동을 하면 심한 스트레스를 느껴 밤에 잠을 자지 못하게 될까 봐 두려워한다.

사람들이 행동하지 못하는 또 다른 이유는 자신의 능력이 충분하다는 확신이 없거나 행동에 따르는 파급 효과를 세밀히 파악했는지 자신이 없기 때문이다. 믿을 만한 실행 계획이 아직 없거나 계획을 실천하도록 사람들을 설득할 수 있는 대인관계 기술 같은 것이 부족하다고 생각할 수도 있다.

경력이나 가족, 막중한 재정적 의무를 생각할 때 커다란 위험을 감수해야 하므로 행동이 꺼려질 수도 있다. 집 대출금이 많이 남았다거나 아이가 태어났다거나 경제 침체로 당신 직업의 전망이 어두워질까 봐 두려운 것이다. 가까운 시일 내에 승진하고 싶은데 위험 부담이 너무 큰 행동이라 망설여질 수도 있다.

무슨 말인지 알 것이다. 사람들이 행동하지 않는 이유는 차고 넘친다.

제1장 리더십의 핵심 구성 요소

하지만 리더십은 결국 행동하는 방법을 찾는 것이다. 리더로 성공하고 싶은 사람은 소신이 생겼다면 두려움과 망설임을 극복하고 목소리를 내어 행동하는 법을 배워야 한다. 그들은 행동을 가로막는 위험을 줄이는 쪽으로 삶을 관리하는 법을 배운다. 예를 들어, 저축하거나 경제적으로 심하게 무리하지 않는 방법을 찾는다. 무엇을 해야 하는지 아는 것을 넘어 어떻게 해야 하는지를 알아내는 법을 익힌다. 남들이 반대해도 개인적이 아닌 건설적으로 받아들이기 위해 조금 뻔뻔해지는 방법도 배운다. 건설적인 토론에 참여하는 법과 실행 계획을 세우는 방법을 연습한다.

실행 계획은 윗사람에게 의견을 말하는 전략을 세우는 것처럼 간단할 수도 있고, 몇 주 혹은 몇 달 후의 행동 단계를 철저히 계획하는 것처럼 복잡할 수도 있다. 어떤 자원을 확보해야 하는지 알고(인적 및 기타 자원) 어떤 소통과 조율이 필요한지 파악하며, 각 단계의 체계적인 로드맵을 마련해야 할 수도 있다. 행동을 계획하는 과정에서 아이디어의 결함이 밝혀지고 새롭거나 수정된 대안이 나오기도 한다. 실행 계획은 무엇을 해야 하는지 뿐만 아니라 어떻게 해야 하는지 알아내는 것이라는 개념으로 다시 돌아간다.

이 모든 것에는 연습이 필요하다. 계속할수록 잘하게 된다. 행동을 격려하는 조직 문화가 마련되어 있다면 더 쉬워진다. 예를 들어, 고위 리더들이 본보기를 보여주고 젊은 리더들을 격려하면 큰 도움이 된다. 목소리를 내고 의견을 표현하고 적절한 행동을 하도록 격려해준다면 직원들이 주체적으로 확신과 소신을 행동으로 옮길 것이다.

물론 행동이 항상 계획된 결과로 이어지는 것은 아니다. 내가 이끄는 팀이 내린 결정이 좋지 못한 결과를 가져온 적이 여러 번 있다. 나쁜 결과가 확정되면 꼭 나를 찾아와 "그게 실수라는 걸 난 처음부터 알고 있었어요. 그래서 난 처음부터 반대했어요"라고 말하는 팀원이 꼭 있었다. 그러면 나는 이렇게 물었다. "그럼 왜 아무 말도 안 했죠? 모든 회의에 참석하고 결정에 전부 찬성했으면서!"

그러면 으레 이런 변명이 돌아온다. "이미 결정된 일 같았어요." "말해도 아무도 들어주지 않았을걸요." "팀원들을 설득할 수 없을 거라고 생각했어요." "반대 의견을 내는 게 권한 밖이라고 생각했어요."

세상에는 똑똑한 사람이 넘쳐난다. 그중에는 의사 결정자의 입장에서 생각하고 나라면 어떻게 할 것인지 확신한 뒤 그에 따라 소신껏 행동하는 사람들도 있다. 하지만 내 경험상 앞으로 나서

제1장 리더십의 핵심 구성 요소

서 건설적으로 행동하는 기술과 용기를 가진 사람은 그중에서도 소수에 불과하다. 행동했다가 유쾌하지 못한 상황이 펼쳐질 수도 있고 호되게 당할 수도 있지만 그들은 확신을 행동으로 옮기는 것이 리더에게 꼭 필요하다는 사실을 알고 있다.

무인 지대

한 대기업의 간부 헨리는 회사의 상황이 못마땅했다. 그는 이 회사에서만 쭉 근무했는데 최근에 회사가 고객의 니즈를 충족하기보다는 분기별 수익에만 집중하는 느낌이었다. 과거에는 제품의 품질 및 고객 서비스에 대한 투자와 수익률 증가 사이에서 트레이드오프(Trade-off) 결정을 해야 할 때 거의 항상 장기적인 관점을 선택했다. 단기 이익이 아니라 장기적인 사업 강화와 이익을 우선시했다.

그런데 4년 전에 새로운 CEO가 취임했다. 헨리는 CFO(Chief Financial Officer 최고재무책임자)였던 새로운 CEO가 일관적인 고객 서비스를 통한 이익 추구에서 단기 수익성 추구로 미묘하게 회사의 초점을 바꾸었다고 생각했다. 이제는 트레이드오프 결정을 논의할 때 "올해 수익성에 가장 도움되는 것은 무엇이고, 그것이 주가에 어떤 영향을 미칠 것인가?"가 지배적인 질문이 되었다. 헨리는 간부 대부분이 이러한 변화를 아무런 반발 없이 수긍한다는 사실이 더 경악스러웠다. 그 이유는 분명 새 CEO와 잘지내고 싶기 때문일 터였다. 헨리는 CEO에게 화가 났고 동료들에 대한 분노는 더 컸다.

나를 찾아왔을 때 헨리는 크게 낙심한 것을 넘어 우울감마저느끼는 상태였다. 그는 내가 묻는 말에 대답해가면서 상황을 설명했다. "CEO에게 이런 내용을 전달하셨나요? 당신의 우려에대해 CEO는 뭐라고 했죠?"

헨리의 대답은 놀라웠다. "얘기한 적 없습니다."

"네? 아니, 왜요?" 내가 물었다.

"분명 내 말을 듣지 않을 테니까요! 저는 CEO하고 사이가 별로 안 좋아요. CEO가 언짢아하기라도 하면 어떡합니까?"

"당신이 말하지 않으면 누가 말하겠어요? 당신보다 더 큰 힘이나 영향력을 가진 사람이 누가 있습니까? 경력이 있는 간부들이나서지 않으면 아무것도 변하지 않습니다."

이 이야기가 행복한 결말을 맞이했다고 말하고 싶지만 그렇지않다. 헨리는 CEO에게 직접 말할 용기가 없었다. 1년 후 그는CEO가 전처럼 자신의 의견을 많이 구하지 않고, 중요한 회의에서도 배제하기 시작했다고 말했다. 헨리는 소외감을 느꼈고 회사

제1장 리더십의 핵심 구성 요소

를 그만두는 것을 진지하게 고민하게 되었다.

아이러니하게도 그 CEO가 1년 정도 후에 나를 찾아왔다. (기밀 유지를 위해 내가 다른 사람을 통해 그의 사정을 알고 있다는 말은 하지 않았다.) 그의 이야기를 듣고 몹시 안타까운 마음이 들었다. "헨리라는 고위 간부가 제가 CEO가 된 이후로 아주 조용해졌습니다. 제 의견에 반대하거나 조언하기를 두려워해요. 제가 CFO 출신이다 보니 마케팅과 제조 부문 간부들의 도움이 필요하거든요. 재무 관련 사안과 장기 사업 관련 사안이 부딪힐 때 제가 미처 보지 못하는 면이 있으니까요. 이런 트레이드오프 사안을 매일 고민하는데 저 혼자서는 할 수 없는 일입니다. 저는 헨리에게 정말 크게 실망했어요. 리더로서 큰 흠을 갖고 있어요. 헨리 밑의 직원을 그의 자리에 앉히는 걸 진지하게 고려하고 있습니다."

이런! 헨리는 소신대로 행동하지 않아 결국 자신을 스스로 무인지대로 몰아넣었다. 그는 상사가 원하는 일이라고 생각했지만, '예스맨'이 아니라 '리더'를 원했던 상사는 결국 헨리에 대한 존경심을 잃어버렸다.

나는 어떤 문제에 대한 강한 소신을 바탕으로 행동했다가 경력에 흠집이 난 간부를 본 적이 거의 없다. 하지만 확신이 있을 때도 안전을 위해 침묵을 지켰다가 역량을 발휘하지 못하고 더 높은 자리에 올라갈 기회를 잃은 간부들은 수없이 보았다. 무섭거나 위험해도 행동을 취할 수 있는 방법을 찾아야만 한다. 두려움을 완전히 떨쳐낼 필요까지는 없지만 아무것도 하지 않을 경우 따르는 위험을 생각해볼 필요가 있다. 주체적으로 행동하는 적극적인 자세는 망설임을 이겨내도록 도와준다.

확신을 행동으로 옮기는 방법

당신은 무엇이 두려운가? 모든 사람은 두려움과 불안감을 가지고 있다. 하지만 두려움에 사로잡혀 있으면 영향력과 잠재력을 발휘하지 못한다. 확신을 행동으로 옮기지 않으면 최고의 역량을 발휘하기가 어렵다.

이 문제를 어떻게 해결해야 할까? 여러 가지 다양한 '정신 모델'을 활용해보기 바란다. 이러한 모델은 상황을 좀 더 명확하게 살피고, 용기를 내어 위험을 감수하고 행동하도록 도와준다.

정신 모델은 실제 (또는 상상의) 제약을 느긋하게 풀고 자유로운 상태에서 생각함으로써 무엇을 해야 하는지 더 명확하게 알려준다. 예를 들면, 다음과 같다.

- 당신이 일의 주체라면 기꺼이 확신에 따라 행동하겠는가?

제1장 리더십의 핵심 구성 요소

(이 장에서 이야기한 책임 의식과 관련한 예이다.)

● 당신이 부자라면 어떻게 하겠는가?

● 인생이 2년밖에 남지 않았다면 무엇을 하겠는가?

이 질문들은 행동을 가로막는 것이 무엇인지 파악하고 그 망설임이 훌륭한 리더로 성장하는 데 나쁜 영향을 끼친다는 사실을 깨닫게 해준다. 설득력이나 카리스마가 부족해서 의견을 말하기가 꺼려진다면 평소 강한 신념을 가지고 있는 주제에 대해 목소리를 내보길 바란다. 그런 사안에 대한 의견을 말하거나 행동할 때는 분명 당신만의 카리스마가 빛을 발할 것이다. 자신이 따분하거나 영감을 주지 못한다고 생각한다면 접근법을 바꿔보자. 어떤 문제에 확신이 있을 때 행동하는 방법을 배워라.

가치 부여에 집중하기
●

궁극적으로 리더십은 다른 누군가에게 이익이 되는 가치를 부여해주는 일이다. 그런데 이 리더십의 마지막 요소에 대한 논의가 제대로 이루어지지 않고 있다. 어떤 리더나 기업이 위대한 이유는 고객과 소비자 같은 핵심 대상에게 가치를 더해주는 일에 집중하기 때문이다. 리더나 한때 위대했던 기업이 가치 부여에 집중하지 않는 것은 그들이 때때로 궤도를 이탈하는 이유가 된다. 그 기업은 어떤 일을 왜 하는지 알지 못하거나 혼란에 빠진다. 자신의 행동이 다른 사람에게 미치는 영향에 대한 책임도 더 이상 지지 않는다.

미 해군 특수 부대 네이비 실(Navy SEAL)의 좌우명에도 가치 부여의 개념이 담겨 있다. '이유를 알면 방법을 찾을 수 있다'는 혹독한 훈련 과정에서 쉴 새 없이 대원들이 되새기는 말이다.

나는 '자신'에게 좋은 결과를 가져오는 일을 찾고, 행동으로 옮기는 능력이 탁월한 간부들을 많이 보았다. 이 방법이 한동안은 효과적일 수도 있지만 계속 성공으로 이어지지는 못한다. 만약 그들의 행동이 자신이 아닌 다른 사람에게 가치를 부여하지 못한다면—적어도 내 사전에는—그것은 리더십이 아니다. 최고의 역량을 발휘할 수도 없다. 단지 높고 중요한 위치에 있다는 이유만으로 무조건 '리더'라고 생각하는 사람들이 많다. 하지만 고객에게 이익을 제공하는 것에 초점을 맞추지 않으면 높은 자리에 있다고 해도 리더라고 할 수 없다. 탁월한 리더들이 팀을 돕고 주요 고객들에게 가치를 더해주는 능력으로 자신의 성공을 평가하

제1장 리더십의 핵심 구성 요소

는 이유도 이 때문이다.

　당신은 리더십에서 가장 중요한 것은 성과 달성이라고 생각할지도 모른다. 앞에서 말한 것처럼 수익 달성 같은 좋은 결과는 지속해서 가치를 부여한 결과이다. 물론 다른 사람들에게 가치를 더해주지 않고 단기적인 성공을 거둔 사례도 많지만 가치 부여에 집중하지 않고 성공을 계속 이어온 사람은 찾아보기 어렵다. 위대한 기업과 비즈니스 리더들은 수익성이 팀원들의 성공을 돕고 장기간에 걸쳐 고객에게 차별화된 가치를 부여해준 결과라는 사실을 잘 알고 있다.

　이러한 마음가짐에는 기업이 일반 대중을 포함해 핵심 대상에게 부정적인 영향을 끼칠 수도 있다는 사실에 책임감을 느끼는 것도 포함된다. 일부 대상을 위해서는 가치를 부여해줬지만 또 다른 이들에게는 직간접적으로 피해를 주는 조직들이 많다. 예를 들어, 판매 제품이 고객에게는 이익이 되지만 지역 사회의 건강과 복지를 해치는 해로운 오염 물질을 배출할 수도 있다. 리더는 가치 부여에 관해 폭넓게 생각하되 기업 운영이 외부에 끼칠 수 있는 부정적인 영향에 적절한 수준의 책임을 져야 한다.

　가치를 더하고 혹시 모를 부정적인 영향을 줄이기가 어려운 이유는 이것이 정기적으로 다시 생각해보고 갱신해야 하는 목표이기 때문이다. 세상은 변하고 산업도 변한다. 사회적 규범도 바뀌고 경쟁자들은 계속 새로운 행동을 취하고, 규제에 변화가 생길수 있으며, 주력 상품과 서비스가 범용화될 수도 있다. 따라서 가치를 부여하기 위한 방법을 계속 고민해봐야 한다.

리더에 대한 믿음이 깨질 때

일반적으로 우리가 리더에게 신뢰를 잃는 이유는 리더의 능력이 의심스러워졌기 때문이 아니다. 그보다는 그들이 과연 주체적으로 생각하고 소신에 따라 행동하는지 확신할 수 없기 때문이다. 게다가 리더나 조직이 공동체나 고객을 위한 가치 부여에 집중하지 않는 것처럼 보이기 시작한다면, 이럴 때 우리는 차츰 그들의 제품을 사지 않거나 선거에서 표를 주지 않게 된다.

기업의 CEO들은 분기별 매출 목표와 주주들의 단기적인 기대를 충족해야 한다는 압박감이 너무 커서 '고객 봉사'나 지역 사회에 미치는 영향력을 의식하는 훌륭한 기업이나 시민이 되는 일보다 '계획 수립'에 집중하기 시작한다. 이는 직원과 고객 그리고일반 대중에게 상당한 혼란과 우려를 불러일으킬 수 있다. 고객이나 나아가 사회 전체에 가치를 더하는 일보다 이익을 중요시한다는 메시지를 전달하는 셈이기 때문이다. 상황이 이렇게 되면 연구와 혁신 부문 투자의 중요성이 줄어들기 시작한다. 그 결과 고객들은 기업이 인간미가 없어지고 고객의 니즈를 충족해 장기적인 관계를 구축하는 것에 큰 의미를 두지 않는다고 느끼기 시작한다. 고객이 고객을 위한 가치 부여를 중요시하는 다른 업체를 선택하기 시작하면 필연적으로 시장 점유율이 줄어든다.

사업을 키우는 진짜 노하우

수잔은 미국 중서부에 본사를 둔 건축 자재 유통업체의 창업자이자 대표였다. 그전에는 여러 주에 지사를 둔 더 큰 건축 자재 회사의 직원이었다. 이전 회사에서 그녀는 처음에는 바이어로 일했고, 그다음에는 물류 센터 운영을 맡았으며, 나중에는 지역 총괄 관리자로 승진했다. 그리고 몇 년 후부터 창업을 꿈꾸기 시작했다. 사업 계획을 세우고 투자자를 찾아 첫 유통센터를 열어 작은 지역을 무대로 고객에게 서비스를 제공했다.

사업의 출발은 순조로웠다. 몇 년 동안 새로운 지역 세 곳에 추가로 센터를 설립해 입지를 넓혔다. 몇 차례 주식 발행을 통해 자금을 조달했고, 일이 계속 잘 풀렸다. 그런데 창업 8년째에 처음으로 적자가 발생하더니 그다음해도 마찬가지였다. 수잔은 경기 침체나 주택 건설 경기가 나쁜게 그 이유라는 사실을 알고 있었다. 하지만 동시에 현재의 간부들이 과연 훌륭한 인재들인지 의심이 들기 시작했다.

수잔은 이 문제를 의논하기 위해 나를 찾아왔다. 그녀는 속상하고 실망스럽다고 말했다. "경영진에게 화가 나요. 무능하거나 저보다 회사에 관심이 없거나 둘 중 하나예요. 세상의 무게를 나혼자 짊어진 느낌이에요. 지금까지 전폭적으로 지지해주었던 투자자들이 이젠 껄끄러운 질문을 던지기 시작했습니다."

"원래 건축업계가 주기를 탄다는 건 잘 알고 있지만 그래도 지금보다는 더 잘할 수 있을 줄 알았어요. 제가 생각했던 것보다 훨씬 힘드네요. 내 회사를 차려서 운영하는 게 내가 원하는 것인 줄 알았는데." 그녀는 한숨을 쉬었다. "이젠 창업이 너무 무모한 생각이었던 것 같아 후회되네요."

나는 수잔에게 시간을 어떻게 사용하고 있냐고 물었다. 그녀는 정확히는 잘 모르겠다고 솔직하게 말했다. 사업이 확장되면서 그녀의 활동이 어떻게 달라졌는지 함께 차근차근 짚어보았다. 첫번째 유통센터를 열었을 때 수잔은 그 지역에 상주했다. 고객들과 대화를 나누고, 주요 구매 결정을 내리며, 직원들을 코치했다.

제1장 리더십의 핵심 구성 요소

두 번째, 세 번째, 네 번째 지역에 유통센터를 설립한 뒤에는 고객들이나 직원들과 보내는 시간이 훨씬 줄어들고, 투자자 관리와 재무 상태 파악, 새로운 위치 탐색에 시간 대부분을 쏟았다.

여기까지는 준비 운동이었고 그다음에 나는 회사가 어떤 식으로 고객을 위해 가치를 부여하고 있냐고 물었다. 그녀는 멈칫하더니 이렇게 대답했다. "좀 이상한 질문이네요. 저는 사업가니까 당연히 돈 버는 방법에 가장 집중하죠. 직원들한테도 항상 이익을 창출해야 한다고 강조하고요. 사업은 그런 식으로 키우는 거 아닌가요?"

"음, 아닙니다." 내가 말했다. "훌륭한 사업과 수익성은 가치 부여의 결과로 돌아오는 거죠. 그럼 다시 묻겠습니다. 어떤 식으로 고객을 위한 가치를 부여하고 있습니까? 남들과 차별화되는 점은 무엇이죠?"

수잔은 조금 더 생각해보고 답했다. 그 대답은 나보다도 그녀를 더 놀라게 한 것 같았다. "처음 사업을 시작했을 때는 방금 하신 것과 비슷한 질문에 집착했어요. 주로 건설업체와 하청업체인 고객들과 대화를 나누면서 고객들의 제품과 서비스 관련 니즈를 파악했죠. 그걸 토대로 제품을 선별하고 새로운 건설 및 리모델링 동향을 파악해 탁월한 고객 서비스를 제공하기 위한 전략을 세웠거든요. 처음에는 효과가 있는 것 같았어요. 하지만 제 관심이 그 후로는 재정적인 부분으로 옮겨갔어요. 사업가라면 당연히 그래야 한다고 생각했거든요. 투자자들이 던지는 질문도 대부분 매출이나 수익에 관한 것들이기도 하고요."

한마디로 그녀는 리더의 역할을 제대로 하지 못하고 있었다.

수잔은 고객을 위한 가치 부여를 지속 가능한 비즈니스 구축과 긴밀하게 연결하지 못했다는 것을 인정했다. 그녀는 그것이 리더십의 정의라는 사실을 알지 못했던 것이다.

회사로 돌아간 그녀는 자신을 돌아보는 시간을 가졌다. 몇 주 동안 회사가 고객을 위해 어떻게 진정한 가치를 부여할 것인가를 놓고 고민했다. 이를 위해 고객, 직원들과 대화하는 데 많은 시간을 할애했다. 무엇이 팔리고 팔리지 않으며 그 이유는 무엇인지도 제대로 파악할 수 있었다. 그녀는 회사가 주요 건설업자 고객들의 니즈에 맞지 않는 제품들을 취급하고 있다는 결론에 이르렀다. 서비스의 품질이 나빠진 것도 분명했다. 그녀는 제품 구매 방향을 바꾸고, 고객 구매 습관과 건축계의 동향을 수시로 평가하며, 고객 서비스 개선을 강조하는 일에 초점을 맞추었다.

몇 달 후 어려운 경제 상황에도 불구하고 매출과 수익률이 늘어나기 시작했다. 그녀는 이제 지난 2년을 값진 배움의 시간이

제1장 리더십의 핵심 구성 요소

라고 생각하게 되었다. "가치 부여에 계속 집중하는 법을 배웠어요." 그녀가 최근의 통화에서 말했다. "그게 제가 애초에 사업을 키운 방식이었고 앞으로도 우리를 성공하게 만들어줄 방식이에요. 가치 부여에 초점을 맞추면 의사 결정과 우선순위가 명확해지고, 직원들이 그에 맞춰 일하게 됩니다. 또한 사업도 더욱 탄탄해지고 제가 훨씬 더 유능한 리더가 될 수 있게 해줍니다. 지속가능한 결과는 효과적인 리더십 행동의 결과로 나타납니다."

초대장 따위는 필요 없다

자신이 의사 결정자라고 생각하고 소신을 갖는 것, 행동할 용기를 내는 것, 타인을 위한 가치 부여에 집중하는 것, 이러한 것들이 리더십의 핵심 요소라면, 회사를 소유하거나 고위직에 있어야만 리더가 될 수 있는 것은 아니다. 특정한 유형의 직무나 직함이 있어야만 리더십을 발휘할 수 있는 것도 아니다. 주체적으로 생각하고 행동하기 위해 반드시 실제로 주체여야만 하는 것 역시 아니다.

리더십은 위치가 아니라 마음가짐과 행동에 좌우된다. 반드시 관리하는 입장에 있어야만 리더인 것은 아니다. 오히려 수천 명을 관리하지만 절대로 리더라고 할 수 없는 경우도 있다. 어떤 행동을 하느냐가 리더인지를 결정한다! 당신은 리더의 입장에서 생각하고 소신을 갖고 행동하는가? 다른 사람에게 부가가치를 더하는 데 집중하는가?

이런 일들을 하기 위해 특정한 직함이나 위치, 지분은 필요하지 않다. 초대장 따위는 필요 없다.

청소부 리더

미국 북동부에 있는 초등학교의 교장은 내게 학교 청소부 칼의 이야기를 해주었다. 어느 날 여섯 살짜리 아이가 학교에서 오줌을 쌌다. 물론 학교에서 가끔 일어나는 일이지만 아이가 큰 충격을 받을 수 있는 사건이었다. 칼은 몹시 당황한 얼굴로 복도에 서 있는 아이를 보고 사고가 났음을 알아차렸다. 그는 아이의 담임 선생님을 찾아 나섰다.

그는 담임 선생님과 함께 아이를 다른 곳으로 데려가 뒤처리하는 것을 도와주었다. 갈아입을 옷을 주고 진정시킨 뒤 수업에 돌려보냈다. 그들은 바지에 오줌 싼 것을 반 친구들이 다 아는 상황에서 아이가 수업 도중 집으로 돌아가는 창피를 당하지 않게 하

제1장 리더십의 핵심 구성 요소

기 위해 애썼다. 아이가 교실로 돌아가자 칼은 다시 하던 일로 돌아가 쓰레기를 줍고 바닥을 닦았다.

나는 이것이 바로 리더십이라고 생각한다. 나는 칼이라는 사람을 모르지만 그가 리더라는 것만은 확실히 알 수 있다. 그는 아마 그 학교에서 일하는 사람들 가운데 가장 직급이 낮을 것이다. 하지만 가장 보잘것없는 직급이어도 그 상황에서 리더처럼 생각하고 행동했다. 그는 곤란한 상황에 처한 아이를 보고도 자기가 나설 일이 아니라고 생각하고 그냥 지나칠 수도 있었다. 하지만 그러지 않고 하던 일을 멈추고 책임을 졌다. 아이와 학교를 위해 최선이라고 생각되는 일을 했다.

한마디로 그는 리더십을 발휘했다. 물론 그 학교의 교장 선생님도 리더라고 확신한다. 그녀는 칼이 자신의 신념을 바탕으로 행동할 수 있는 환경을 제공했기 때문이다. 그렇게 해서 학생에게 가치를 더해줄 수 있었던 것이다.

나는 이 이야기가 주체적으로 생각하고 행동하는 리더십의 단순하고 훌륭한 예라고 생각한다. 리더십을 발휘하는 데는 화려한 직책이 필요하지 않다. 언젠가 승진할 때를 기다렸다가 해야 하는 일이 아니다. 리더십은 기회가 있을 때 다른 사람에게 가치를 더하는 데 초점을 맞추는 사고와 행동 방식이다.

훌륭한 기업은 이렇게 행동하는 사람들을 바탕으로 성장한다. 훌륭한 조직에서는 경영진이 누구를 승진시킬지 고민할 때 이런 행동을 하는 사람이 보상을 받는다. 적어도 내가 조직의 리더로 있을 때는 그랬다. 나는 누군가에게 리더직을 제안하기 전에 그 사람이 이미 리더처럼 행동하는지를 살폈다. 평소 남을 돕거나 제 일처럼 생각하며 행동하고 진취적이거나 맡은 업무 범위를 넘어 솔선수범하는 사람이 아니라면, 더 높은 직책으로 올라간다고 해서 갑자기 행동과 마음가짐이 마법처럼 바뀌거나 하지 않기 때문이다.

리더십은 지위가 아니다

●

많은 사람들이 리더십의 위기를 언급한다. 오늘날 전 세계에서 일어나는 온갖 문제를 해결할 리더들이 부족해도 한참 부족한 불안한 상황이라는 것이다. 하지만 정말 리더십이 위기에 처한 것일까?

나는 인생의 많은 부분을 리더들과 일하면서 보냈다. 나는 자신이 리더가 되기 위해 노력하는 것이나, 다른 사람들이 리더가 될 수 있도록 돕는 것, 그리고 리더들의 성공을 돕는 것도 좋아한다. 전 세계 각계각층의 사람들을 만나면서 내가 정의하는 리더십을 기준으로 볼 때 세상에 리더가 부족하다고 생각하지 않는다. 아니, 오히려 세계 각지의 구석구석과 각계각층에 수많은 리더가 있다.

우리가 리더십의 위기라고 느끼는 이유는 커다란 조직을 운영하고 어마어마한 직함을 달고 공식적으로 엄청난 힘을 가진 눈에 잘 띄는 리더들이 주체적으로 생각하고 행동하지 않기 때문인 듯하다.

어떻게 이런 일이 생기는 것일까? 왜 사람들은 리더처럼 행동하지 못할까? 무엇을 해야 하는지 모르기 때문일까? 오로지 결과만 중요하다고 생각해서일까? 처음에는 주체적으로 행동했지만 커다란 위험과 부담이 따르는 자리라 조심스러워진 걸까? 그래서 군건한 소신으로 다른 사람들을 위한 가치를 부여하기보다는 단기적인 성과에 집중하는 전략을 택한 것일까?

눈에 잘 보이는 높은 위치에 있는 간부들이 실망스러운 성과를 내면 보통 더는 훌륭한 리더로 대접받지 못한다. 하지만 내 생각은 다르다. 우리가 잘못된 지표와 기준으로 리더십을 바라보는 것일 수 있다. 중요한 직함을 가졌다고 해서 저절로 리더처럼 행동하게 되는 것은 아니다. 리더십은 지위나 위치가 아니라 행동과 관련이 있다.

재능 있는 간부가 리더십을 발휘하지 못하는 이유에는 여러 가지가 있다. 다음 장에서 그 이유를 살펴보도록 하겠다.

리더십의 필수 요소는 책임 의식이다. 마지막으로 다음의 질문에 답해보기 바란다. 자신이 리더라고 생각하고 어떤 문제에 확고한 소신을 바탕으로 임할 수 있는가? 혼자 혹은 다른 사람들과 함께 그 믿음을 행동으로 옮길 방법을 찾을 수 있는가? 이때 다른 사람을 위한 가치를 부여하고 자신의 행동이 가져올 수 있는 부정적인 영향에 책임을 지는가? 다른 사람들을 관리하는 위치에 있다면 사람들이 이런 식으로 행동하도록 격려하고 보상하는가?

제1장 리더십의 핵심 구성 요소

- 당신은 언제 최고 역량을 발휘했는가? 그때 어떻게 했는가? 마음가짐이 어땠는가? 최고 역량을 발휘할 수 있도록 힘을 실어준 환경적 요소는 무엇인가? 이 장에서 소개한 리더십의 정의는 당신의 최고 역량 발휘 능력을 어떻게 설명하는가?

- 주체적으로 생각하고 행동하는 데 도움이 되는 것은 무엇인가? 책임 의식을 갖는 데 방해가 되는 것은 무엇인가? 행동할 때 어떤 위험이 가장 두려운가? 두려움을 관리하고 책임 의식을 키우려면 어떤 방법을 써야 하는가?

- 과거에 리더의 위치에서 했던 행동 중에 후회되는 것은 무엇인지 생각해보자. 내가 말한 리더십의 정의가 그 후회를 설명해주는가? 그때 왜 리더십을 제대로 발휘하지 못했는가? 그 경험을 통해 무엇을 배울 수 있는가?

- 누구나 지금 당장, 오늘부터, 리더가 될 수 있다는 말에 회의적인 생각이 드는가? 그렇다면 이유가 무엇인가? 이 장을 읽으면서 평소 생각과 달라 놀랐던 것은 무엇인가? 이 책의 리더십 정의가 직장이나 사회에서 당신의 생각과 행동에 어떤 영향을 끼치는가?

- 현재 관리직에 있다면 사람들이 주체적으로 생각하고 행동할 수 있는 환경을 만들어주고 있는가? 책임 의식을 장려하고 직접 본보기를 보이려면 어떤 단계를 밟아야 할까? 3, 4, 5장에서 이 주제를 깊이 있게 살펴보기로 하겠다.

- 현재 리더십에 관해 갖고 있는 가장 큰 의문은 무엇인가?

리더의 도전과제

배움에 헌신하기, 올바른 질문하기, 조언 구하기, 고립에서 벗어나기

1장에서 소개한 리더십의 필수 요소들은 매우 단순하고 명료해 보인다. 그런데 왜 자신이 가진 잠재력을 발휘해 리더로서 성공하는 사람이 많지 않은 걸까? 그것이 그렇듯 힘든 이유는 무엇일까? 왜 많은 사람들이 책임 의식을 가지지 않는 걸까?

리더가 실패하는 가장 큰 이유는 지성과 재능, 기술 혹은 경험이 부족하기 때문이라고 생각했던 적도 있다. 하지만 지난 몇 년 동안 생각이 바뀌었다. 사람들이 잠재력을 발휘하여 훌륭한 리더가 되지 못하는 이유는 상황을 분명하게 이해하고, 그보다 더 중요한 자신을 이해하는 능력을 키우는 일을 게을리했기 때문이다. 그 게으름의 이유를 찾아 거슬러 올라가보면 자신의 나약함을 인정하지 않은 결과 필연적인 변화나 난관을 헤쳐 나가지 못

제2장 리더의 도전과제

했기 때문이다.

왜 사람들은 주체적으로 생각하거나, 주체적으로 생각하는 사고방식을 계속 이어나가지 못하는 것일까? 어째서 의사 결정자의 입장에서 옳다고 생각하는 것을 찾아 행동으로 옮기고 그 행동이 다른 사람들에게 미치는 영향을 평가하지 않는 것일까? 나는 리더십의 실패가 다음의 서로 연결된 질문에 대한 답을 구하지 않은 결과라고 본다.

- 질문을 던지고 조언을 구할 수 있을 만큼 자신감이 있는가?
- 기꺼이 배우고자 하는 태도를 갖고 있는가? 아니면 모든 답을 전부 다 알고 있어야 한다고 생각하는가?
- 도움을 청하고, 모른다는 사실을 인정하며, 다른 사람에게 권한을 주고, 팀의 힘을 활용할 수 있을 만큼 스스로가 약하다는 느낌을 편하게 받아들이고 견딜 수 있는가? 진실해지는 것에 편안함을 느끼는가?
- 자신의 일 처리 방식이 점점 더 자신을 고립시키고 있지는 않은가?

주체적으로 생각하고 행동하려면 큰 노력이 필요하다. 요즘처럼 복잡한 세상에서 이는 다른 사람의 도움 없이는 불가능한 일이다. 어떤 상황이든 여러 가지 사항을 고려하고, 다양한 대상의 니즈를 평가하는 데 필요한 통찰과 기술, 관점을 전부 다 갖춘 사람은 없다. 그런 까닭에 리더는 중요한 사안에 대한 확신을 찾는 방법을 배워야 한다. 이를 위해서는 질문하고 조언을 구하며 모든 답을 알지 못해도 괜찮다는 사실을 받아들여야 한다.

타인의 발전을 돕고 배움에 능동적인 리더는 보통 리더들이 높은 자리로 올라갈수록 자연스럽게 느끼는 고립감을 물리칠 수 있다. 이 능력은 주체적으로 생각하고 행동하는 데 필수적이다.

이 장에서는 이 질문들과 사람들이 리더로서 잠재력을 발휘하지 못하는 이유를 살펴보겠다. 그뿐만 아니라 이 문제를 해결해주고 유능한 리더가 되는 것을 방해하는 장애물 극복의 구체적인 행동 방안도 제시하겠다.

리더십은 끊임없이 갈고닦아야 한다

●

리더십을 키우는 데는 노력이 필요하다. 언제나 배울 자세가 되어 있어야 한다. 리더십은 목적지가 아니라 과정이고 여정이다. 의기양양하게 목적지에 도달하는 일 따위는 없을 것이라는 사실을 받아들여야 한다. 어느 날 잠에서 깨어나 "드디어 해냈어! 이제 리더가 되기 위해 피땀 흘리고 고뇌하지 않아도 돼!"라고 말할 날은 생기지 않는다. 그런데 높은 직급으로 승진하면 그렇게 생각하는 사람들이 많다. 그러나 실제로는 지금까지 승진을 위해 달려온 것보다 더 가차없이 자신의 능력을 증명해야 한다는 압박감을 바로 느끼게 된다.

그러면 어떻게 해야 할까? 지금까지처럼, 아니, 어쩌면 더 열심히, 앞으로도 계속 역량을 계발해야 한다는 사실을 알아야 한다. 이 시점부터 어떻게 하느냐가 앞으로의 성장 여부를 결정한다. 하지만 노력해서 성취한 다음 또 압박감 속에서 더 많이 노력해야 하는 반복적인 과정은 생각만 해도 지치는 일이다. 마치 쳇바퀴 도는 듯한 느낌이다. 그래서 사람들은 리더로 성장하는 과정이 평생 노력해야 하는 절대로 끝나지 않는 과정이라는 사실을 믿고 싶어 하지 않는다. 얼마나 힘든 일인지 잘 알기 때문이다.

리더십을 목적지(존재 상태)라고 생각하는 실수를 한다면 언젠가 노력하지 않아도 되는 시점에 이르렀다는 결론에 도달한다. 능력 향상을 위해 계속 노력할 필요가 없다는 생각에 빠진다. 리더에게 필요한 모든 것을 다 배웠다고 생각하는 순간 정말로 자기 계발을 그만둔다. 사실 배우고 적응력을 키우는 과정에는 끝이 없다. 평생 단련해야 하는 일이다.

이 마음가짐은 성장과 개발을 이어나가기 위한 행동에 착수할 때 필수적인 요소이다. 당신의 발전을 방해하는 것은 그 누구도 아닌 자기 자신이다!

이러한 사고방식을 받아들이고 이제 앞으로 다루어야 할 간단한 몇 가지 문제들에 대해 살펴보자.

질문을 던지고 조언을 구할 수 있는가?

●

이 질문이 매우 의아하게 느껴질 수 있다. 당신은 질문하는 방법을 알고 있다. 항상 하는 일인데 그게 무슨 대수란 말인가?

하지만 알고 보면 보통 생각보다 훨씬 더 어렵고 복잡한 일이다. 뛰어난 능력을 갖춘 사람들이 인생의 어느 지점에 이르러 자신이 모든 답을 가지고 있어야 한다고, 모든 걸 다 알아야 한다고 생각하는 경우가 많다. 다 아는 것처럼 행동하지 않으면 멍청해 보일까 봐 혹은 무능해 보일까 봐 두렵다. 질문을 하더라도 그냥 하는 척만 한다. 한마디로 열린 마음과 배움의 의지를 갖추고 상대의 답변을 경청하지 않는다. 왜일까? 다른 사람들의 말을 듣고 생각을 바꾸거나 지나치게 휘둘리면 약해 보일 것이라고 생각하기 때문이다. 자신이 리더이니 당연히 답을 알아야 한다고 믿는 것이다.

필요에 따라 생각을 바꿀 준비가 되어 있는가? 자신이 틀렸다는 것을 인정할 수 있는가? 새로운 사실이나 설득력 있는 주장을 적극적으로 경청하고 자신의 견해를 되짚어보는가? 이 질문들에 곧바로 '물론이지'라고 대답할 수도 있겠지만 자신이 실제로 그런 태도를 갖고 있는지 살펴보기 바란다. 이 질문들을 어떻게 다루는가는 당신의 리더십 정신 모델은 물론 심리 체계와도 많은 관련이 있다. 당신은 리더라면 당연히 자기 생각을 분명히 알고 그를 바탕으로 사람들에게 지시를 내려야 한다고 생각할지 모른다. 생각을 바꾸는 것은 나약함의 표시이므로 반드시 단호한 모습을 보여야 한다고 믿을지도 모른다는 말이다. 자신이 일을 망쳤거나 완전히 틀렸다는 사실을 쉽게 인정하지 못한다면, 당신은 최고의 역량을 발휘하는 데 실패한 것이다.

제대로 듣고 있는가?

윌리엄은 자신이 세운 회사의 설립자이자 CEO였다. 그는 하버드 경영대학원의 창업자 및 사장 경영 프로그램에 참석하면서 내게 개인 면담을 신청했다. 윌리엄은 자신이 '좋은 리더'가 아닌 것 같아 걱정이라고 말했다. 그가 몇 년 전에 세운 회사는 주로 공산품 제조업체인 고객들에게 매우 유용한 소프트웨어 애플리케이션을 제공했다. 윌리엄은 파트너와 함께 상품을 개발해 출시했다. 몇 년 후 회사 매출이 2,500만 달러를 넘어섰고, 세전 수익률은 평균 20퍼센트였다. 회사의 자기 자본이 대부분 그의 소유였고 미래는 밝게만 보였다. 지금까지의 상황을 요약하는 그의 이야기를 듣고 내가 물었다. "모든 일이 순조롭게 돌아가고 있는데 뭐가 문제입니까?"

"저는 솔직히 우리가 목적지에 도착한 줄 알았는데 시장 점유율이 떨어지고 있습니다. 경쟁업체에 고객들을 빼앗기고 있어요. 간부들은 제 지시를 따르긴 하지만 회사의 미래를 저만큼 신경 쓰는 것 같진 않습니다. 우리는 더 혁신하거나 제품 마케팅을 더 잘할 필요가 있습니다. 솔직히 뭐가 문제인지 모르겠어요. 하필 지금 단계에서 이런 문제가 생기다니 걱정입니다. 뭐가 잘못됐는지 알아낼 수 있게 도와주시겠습니까?"

"고위 리더들의 생각은 어떤가요?" 내가 물었다.

"다들 잘 모르는 것 같아요. 제 생각이 어떤지만 알고 싶어 하죠. 뭘 어떻게 해야 하는지 제가 말해주기를 기다리고 있습니다. 고객들 살피랴, 경쟁사 연구하랴, 제품 고민하랴, 제가 아주 죽을 지경입니다. 지금보다 더 열심히 일하는 건 불가능해요! 솔직히 이젠 팀원들에게 문제가 있거나 제 팀 관리 능력에 문제가 있거나 둘 중 하나라는 생각이 듭니다."

윌리엄은 내게 하버드에서 같은 프로그램을 듣는 그의 파트너 짐을 만나 대화해보라고 부탁했다. 나를 찾아온 짐은 주저 없이 답답한 속내를 털어놓았다. "윌리엄은 자기가 모든 걸 다 안다고 생각합니다." 짐의 말에서 짜증이 묻어났다. "질문을 해놓고는 상대의 말을 중간에 자르고 답을 끝까지 듣지 않아요. 워낙 짜증을 잘 내고 비판을 잘해서 우린 그냥 그가 원하는 걸 알아내 거기에 맞추려고 합니다. 다들 속마음을 감추고 입을 꾹 닫고 있습니다. 솔직하게 의견을 말하면 윌리엄이 심문하듯 꼬치꼬치 캐묻고 바보 취급하니까요." 짐은 윌리엄에게 이런 문제에 대해 이야기해봤지만 효과가 없었다면서 그에게 문제 제기를 좀 해달라고 부탁했다.

윌리엄과의 다음 미팅에서 짐이 말한 내용을 전달했다. 윌리엄은 자신이 회사의 대표이다 보니 모든 것이 자기 책임이라는 중압감이 크다고 설명했다. "다른 사람의 계획을 따르다 실패하는 것보다 제 생각대로 해서 실패하는 게 더 낫습니다. 저만큼 이 회사를 생각하는 사람은 없으니까요. 제가 사람들을 믿지 못하는 것일 수도 있습니다. 하지만 리더는 사람들을 이끌어야 한다고 생각합니다. 그러니 당연히 강해야 하고 사람들에게 나아갈 길을 알려줘야죠. 물론 질문할 필요도 있지만 결국은 다들 제가 지시를 내리기를 바랍니다. 전 항상 이런 식으로 회사를 운영해왔고 성공했어요! 그런데 굳이 바꿀 필요가 있을까요?"

나는 윌리엄에게 한 발짝 물러서서 자신의 리더십 스타일을 다시 살펴보라고 권했다. 과거에 효과적이었다고 해서 지금도 효과적인 것은 아니라고 말이다. 돌아가서 회사 리더들과 워크숍을 열라고 조언했다. "짐과 이야기해보고 지금 회사가 직면한 가장 큰 문제를 서너 가지로 압축하세요. 그리고 리더들이 그 문제들을 토론하게 한 다음 지켜보세요. 당신이 할 일은 입 다물고 열심히 듣는 겁니다. 절대로 끼어들지 마세요. 필요하면 다른 사람을 시켜서 회의를 진행하세요. 다시 말하지만 당신의 임무는 질문을 던지고 열심히 듣는 겁니다. 절대로 의견을 제시하지 마세요!"

윌리엄은 사람들이 이 방식에 '기겁할 것'이라고 걱정했다. "다들 제가 이끄는 대로 따르는 데 익숙하다고요!"

나는 이 접근 방식이 바로 사람을 '이끄는 방법'이라고 말했다.

질문해야 할 때와 찬성해야 할 때가 있는데 그 차이를 알아야만 팀원들에게 토론하는 법을 가르칠 수 있다는 사실도 말해주었다. 팀원들도 복잡한 회사 경영에 대해 그만큼 잘 알기 때문이다. 어떤 부분은 오히려 더 잘 알 것이다. 그리고 윌리엄은 혼자서는 문제를 해결하기 어렵다는 사실을 받아들일 필요가 있었다. 팀을 하나로 모으는 방법을 배워야 했다.

윌리엄은 제안을 받아들여 워크숍을 열겠다고 했다. 나중에 그는 회의가 너무 잘 진행되어 깜짝 놀랐다고 말했다. "현재 상황을 훌륭하게 진단하고 서너 가지 구체적인 후속 조치도 마련했습니다. 다들 적극적으로 나서줬어요. 솔직히 너무 성공적이어서 충격을 받았을 정도입니다."

짐도 회의가 무척이나 만족스러웠다는 소식을 전해왔다. "도대체 윌리엄에게 무슨 마법의 주문을 거신 겁니까?" 그가 농담조로 물었다. "그가 이렇게 유능한 리더의 모습을 보여준 건 처음입니다!"

물론 '마법의 주문' 같은 건 없었다. 윌리엄은 그저 평소의 리더십 스타일을 완전히 바꿔보기로 한 것뿐이었다. 아이러니하게도 이 변화는 그의 부담을 크게 덜어주고 팀원들에게는 좀 더 부담감을 심어주었다. 윌리엄은 다른 사람들에게 질문하고 의견에 귀 기울이는 것이 리더십이 아니라는 생각에서 벗어나야 했다. 올바른 질문을 하고 팀원들이 나서서 의견을 말하고 토론하고 문제를 해결하도록 격려하는 것도 리더의 역할이라는 사실을 배울 필요가 있었다.

상사와 직원 사이에는 엄청난 힘의 불균형이 존재한다. 윗사람은 팀과 상호작용하기 위한 분위기를 조성할 때 이러한 힘의 불균형을 염두에 두어야 한다.

윌리엄은 리더로서 팀원들이 주체적으로 행동할 수 있는 환경을 만들어줘야 했다. 그러려면 질문하고 경청하는 법을 배워야만 한다. 다른 수많은 기업가처럼 리더십 스타일을 조율하는 법을 익혀야 한다. 언젠가 리더가 '혼자 다 하는 방식'에서 다른 사람들에게 힘을 실어주고 함께 일하는 방식으로 바꿔야 하는 때가 올 것이다. 그래야 더 큰 성공을 거둘 수 있다.

질문이나 경청을 잘하지 못하면 생각만큼 많은 것을 배울 수 없다. 더 나쁜 점은 배우고 싶어 하지 않는다는 느낌을 줄 수 있다는 것이다. 그러면 상황을 평가하고 적절한 행동을 하는 능력이 점점 줄어들기 마련이다.

제2장 리더의 도전과제

항상 배우려는 태도를 가져야 하는 이유

●

배움에 대한 열린 태도는 여러 면에서 인생 단계에 따라 수행해야 하는 과제이다. 학생일 때나 사회 초년생으로 막 경력을 쌓기 시작할 때 우리는 기꺼이 질문을 던지고 배움에 열려있는 태도를 보인다. 지식을 스펀지처럼 흡수하는 학생 역할에 익숙한 것이다. 전문가가 될 거라는 생각은 아직 하지 않는다. 적극적으로 피드백을 받으려 하지 않을 수도 있지만 보통 기꺼이 질문하고 조언을 구한다. 우리는 인생이나 경력을 처음 쌓기 시작할 때 자연스럽게 이런 상태에 놓인다.

물론 그런 인생 단계에서도 질문하기를 주저하는 사람들도 있다. 하지만 일반적으로 젊은 사람들은 가장 능동적으로 배우고자 하는 자세를 갖고 있다.

젊기에 '바보 같은' 질문을 하거나 모른다고 인정하거나 알려고 한다는 것에 전혀 거리낌이 없다. 현재 학생이거나 얼마 전까지 학생이었다면 훨씬 더 쉬운 법이다.

무슨 일을 하든 사람은 미래가 창창한 사회 초년생에서 자기가 속한 분야의 좀 더 높은 자리로 올라가기 마련이다. 그리고 인생에서나 일에서나 어느 순간엔가 배움에 대한 열정이 약해지는 때가 온다. 본인은 그 변화를 전혀 알아차리지 못할 수도 있다. 의식적으로 노력하지 않으면 학습 모드에서 서서히 벗어난다. 왜 그럴까? 앞에서 설명했듯이 높은 자리로 올라가고 밑에 직원들을 거느리면 자신이 모든 답을 다 안다고 생각하기 때문이다. 답을 알아야 하는데 질문을 하면 우스워 보일까 봐 두렵다. 적어도 스스로 생각하기에 위험을 더 많이 감수해야 하는 것이다. 한마디로 다른 사람에게 내가 어떻게 보이는지가 더 중요해지기 시작한다.

경력이 그쯤 되면 영리 또는 비영리 조직에서 높은 직급의 관리자를 맡고 있을 테고 이사회에 속해 있을 수도 있다. 주도적으로 질문하고 배우는 능력을 키우지 않으면 상황 파악을 제대로 하기가 어려워진다. 보통은 자신이 아무것도 배우지 않고 있다는 사실을 인지하지 못할 수도 있으며, 단지 거기 적응하려고 할 뿐일 수도 있다.

모른다는 사실 인정하기

광고 기업의 간부인 질은 처음으로 비영리 단체의 이사회 일원이 되었다. 방과 후 지도 교사들을 고용해 아이들의 문해력 향상을 도와주는 단체였다. 질은 이 프로그램을 운영하는 학교에서 자원봉사를 한 적 있어서 프로그램에 대해 잘 알고 있었다. 그것이 아이들에게 끼치는 긍정적인 영향을 직접 목격하고 감명받기도 했다.

질은 1년 동안 이사회 회의에 참석했다. 분기별로 회의가 열렸고 그녀 말고도 열두 명이 참석했는데 다들 그녀처럼 성공한 기업인들이었다. 보통 회의에서는 CEO의 보고서와 특정 주제에 대해 직원이 프레젠테이션을 하고, 조직의 수익과 지출, 기금 모금 사업 위주의 재무 문제를 논의했다.

오랜만에 만난 그녀에게 새로 시작한 비영리 단체의 이사 일이 어떻게 되어가고 있냐고 물었다. "글쎄요, 잘되고 있는 것 같아요. 정말 좋은 단체이고, 이사들도 훌륭한 사람들이거든요. 이 단체가 하는 일이 제 신념과도 일치해서 이 일에 시간을 쏟으며 큰 보람을 느껴요."

나는 단체의 강점과 약점은 무엇이고, CEO에 대해서는 어떻게 생각하며, 이사회에서는 토론이 얼마나 자주 이루어지는지 물어보았다. 그러자 그녀가 선뜻 대답하지 못하고 불편한 표정을 지었다. "무슨 문제라도 있어요?" 내가 물었다.

그녀는 질문에 어떻게 대답해야 할지 모르겠다고, 조직의 약점을 드러낼 준비가 되어 있지 않다고 말했다. CEO에 대해서는 믿음직한 것 같다고 긍정적으로 평가했다. "CEO는 이사회와 원활하게 소통하고 일에 열정을 갖고 있는 것이 느껴져요." 그러고 나서 그녀는 묻지도 않았는데 이사회의 분위기가 질문과 토론 모드가 아니라 '듣기 모드'라고 말했다.

"어째서죠?"

"이사회 회의는 의장과 CEO가 철저하게 관리해요. 회의가 어떤 식으로 진행되길 원하는지 그들이 원하는 방향이 분명한 것 같아요. 이사회가 CEO와 직원들을 지원해야 한다고 의장이 누누이 강조해서 우린 항상 보고서를 긍정적으로 받아들입니다. 반발이 거의 없어요. 저는 새로운 구성원이니까 모두와 가까워지고 잘 어울리고 싶어요."

그녀는 잠시 말을 멈추고 덧붙였다. "훌륭한 단체예요."

내가 다소 직설적으로 이렇게 말했다. "내 생각엔 당신이 아직 조직에 대해 잘 모르는 상태인데 사람들과 잘 어울려야 한다는 생각에 모르는 걸 인정하고 질문하기를 두려워하는 것 같군요. 의장이나 어쩌면 CEO까지 두려워하는 것 같아요. 회사에서였다면 과연 이렇게 돌아가는 상황을 잘 모르는 상태에서 질문하는 걸 두려워할까요?"

"당연히 아니죠! 하지만 회사는 제 본업이고 경력이 걸린 일이잖아요. 이사회에서는 모금을 돕고 지원해주는 것이 제 일이고요."

나는 접근 방식을 바꿔보라고 했다. 비영리 단체의 이사회도 리더십을 발휘해야 한다. 이사회는 CEO와 의장이 시키는 대로 하기 위해 있는 것이 아니다. 이사회는 조직의 상황을 파악하고 주체적으로 행동해야 할 의무가 있다. 설사 그것이 조직 관리자들의 심기를 불편하게 한다고 해도.

이 말을 듣고 질은 조금 다르게 접근해보기로 했다. 먼저 조직과 관련한 몇 가지 질문을 적었다. 그리고 CEO에게 전화를 걸어 질문들을 검토하기 위한 회의를 마련해달라고 요청했다. 회의에서 그녀는 조직에 대한 새로운 정보를 많이 얻었고, 그를 토대로 몇 가지 새로운 질문이 생겼다.

질이 나에게 전한 바로는 CEO는 짜증을 내기는커녕 오히려 진심으로 고마워하는 듯했다고 한다. CEO가 그녀에게 말했다. "저희 일에 이렇게 관심을 가져주셔서 정말 감사합니다. 솔직히 이사진이 그런 적이 거의 없어서 우리가 직면한 어려운 문제를 제대로 이해하는지 궁금했습니다. 특히 저는 최근 직원들의 이직률이라든가 미래 성장을 위해 자금을 대는 능력, 우리가 도와주는 아이들에게 기술 활용을 확대해야 하는지가 고민입니다. 직원들끼리 논의하긴 하지만 이사회는 그런 이야기를 듣기 싫어하는 것 같아요. 마땅히 질문해야 하는 것도 절대 묻지 않거든요. 향후 이사회 회의에서 이런 문제들을 제기할 수 있도록 도와주시겠어요?"

당연히 질은 놀란 한편으로 기뻤다. 그녀와 CEO는 의장에게 이야기해 이러한 문제들을 다음 회의의 안건으로 올리기로 했다. 의장도 매우 협조적이었다. 알고 보니 의장은 본업 때문에 시간에 쫓겨 이사회 회의에서는 그저 프로세스를 관리하는 역할에 그치고 있었다. 다음 회의에서는 중요한 사안들에 대한 진지한 토론이 이루어졌다. 이사회는 매우 만족하며 적극적으로 의견을 제시했고 후속 질문도 많이 나왔다. 질은 다른 이사들도 그녀와 마찬가지로 자신만 빼고 전부 상황을 분명하게 파악하고 있다고 지레짐작했다는 것을 알게 되었다. 다들 괜히 풍파를 일으키기 싫고, 바보처럼 보이거나 회의에 방해가 될까 봐 가만히 있었던 것이었다. 그동안 차마 두려워서 하지 못했던 질문을 누군가 나서서 던지자 다들 안도했다.

이 과정을 통해 질은 문제 제기가 이사의 할 일이라는 사실을 배웠다. 뭔가 이해가 되지 않거나 걱정이 될 때는 자신만 그런 게 아닐 가능성이 크다는 사실도 알게 되었다. 마지막으로 이 조직을 돕기 위해 할 수 있는 일이 생각보다 훨씬 더 많다는 사실을 깨달았다. 질은 2년 만에 이사회 의장으로 선출되었고, 이는 그녀의 가장 자랑스러운 경력 중 하나가 되었다. 그녀는 자신이 정말로 세상에 큰 영향을 끼치고 있다고 느꼈다. 이 모든 일이 어떻게 가능했을까? 모른다는 사실을 인정하고 질문하는 법을 배웠기 때문이다.

당신은 질문을 할 수 있는가? 배움에 열려 있는가? 이를 위해서는 그동안 잘 쓰지 않았던 근육을 써야 한다. 특히 듣는 능력을 키워야 한다. 그리고 리더십의 뜻을 다시 생각해봐야 한다.

질문하고 듣는 것은 배움을 유지하는 가장 좋은 방법이다. 그렇지 않으면 다들 돌아가는 상황을 잘 파악하고 있는데 나만 그렇지 못한 상황에 놓이게 된다.

점점 커지는 고립의 위험
●

사람들은 고립을 피하는 것이 중요하다는 사실에 모두 동의한다. '고립'이 정확히 무엇인지 몰라도 좋은 뜻은 아니라는 걸 다들 알고 있다.

내가 정의하는 고립은 자기 자신 혹은 자신이 놓인 상황을 제대로 보지 못하는 것이다. 결과적으로 상황을 분석하고 행동하고 타인에게 부가가치를 더해주는 능력이 줄어들고 망가지는 것 말이다.

물론 누구에게나 사각지대가 있다. 문제는 사각지대를 발견하고 이해하려고 노력하느냐이다. 그렇지 않으면 사각지대와 지속적인 고립이라는 패턴이 생긴다. 무심코 자초하는 문제를 의식하지 못하는 사람들이 있다. 그런 사람들이 자신의 사각지대를 알아차리면 엄청나게 큰 도움이 될 것이다. 피드백을 구하고 받을 수 있게 해주는 의사소통은 고립을 피하는 데 꼭 필요하다.

간부들과 이야기 나눠보면 보통은 반드시 고립을 피해야 한다는 데 동의하고 고립 상황에 놓인 사람들에 대해 안타까움을 드러낸다. 그런데 그들에게로 초점을 맞추면 사실 자신도 생각보다 훨씬 더 고립되어 있다는 사실을 깨닫고 얼굴이 하얗게 질리는 경우를 많이 보았다.

질문하지 않거나 자신이 모든 답을 다 알아야 한다고 생각하는 사람은 분명 남들의 의견을 듣고 싶어 하지 않는 것처럼 보일 것이다. 그런 분위기를 풍기면 주변 사람들은 그 사람의 말을 그대로 따른다. 굳이 싸울 필요가 없기 때문이다. 게다가 당신과 직원들 사이의 관계에는 힘의 불균형이 존재한다. 직원들은 당신의 기분을 언짢게 하는 위험을 감수하고 싶어 하지 않는다. 기분이 좋지 않겠지만 반드시 알아야 하는 말을 해주는 것도 꺼릴 것이다. 다시 말하지만 당신은 다른 사람들로부터 의견을 구해 고립 상태를 깨뜨릴 힘을 갖고 있다(힘에는 책임이 따른다).

고립 상황은 보통 시간이 지나면서 차차 진행되기 때문에 알아차리기 힘들 수도 있다. 자신이 고립되어 있는지 확인하려면 몇 가지 질문을 해봐야 한다. 나는 조언을 구하는가? 직원들과 면담을 하는가? 중간에 끼어들지 않고 상대의 말에 끝까지 귀 기울이는가? 회의할 때 테이블에 핸드폰을 올려놓는가? 의사소통을 대부분 이메일이나 전화로 하는가, 아니면 대면으로 하는가? 익명의 의견 제안함(실제 의견함이나 디지털)이나, 직원들과의 정기적인 일대일 면담을 통한 조언 구하기 등 심각한 사각지대를 일찌감치 경고해주는 관행이나 장치가 마련되어 있는가?

자만하지 말고 자신을 돌아볼 것

마리오는 런던에 본사를 둔 국제적인 주류 회사의 CEO였다. 홍콩 자회사를 이끄는 그는 자신만만하고 카리스마 넘치는 성격이었다. 그가 CEO가 된 것은 2년 전이다. 그는 매력적이고 영감을 주는 '타고난 리더'이자 뛰어난 전략가라는 말을 들어왔다. 마리오는 CEO가 자신을 떠오르는 스타이자 미래에 회사 전체를 이끌 잠재적인 리더로 생각한다고 믿었다. 그는 홍콩의 간부직으로 발령이 나 더 많은 경험을 쌓게 되었다. 5년 예정의 이 해외 파견 근무를 마치면 본사에서 더 높은 자리를 맡게 될 것이었다.

마리오는 내가 아시아에서 사업을 할 때 알게 된 친구의 소개로 나를 찾아왔다. 그는 홍콩에서 지금까지 힘든 시간을 보냈다고 솔직하게 말했다. "제 유창한 중국어 실력이 분명 도움된다고 생각합니다. 그런데 회사 사람들은 저를 그다지 신뢰하지 않는 것 같아요. 이 사업 부문이 우리 회사의 성장 동력이 되어야 하는데도 그동안 성과가 좋지 않았어요. 그리고 일부 관리자들이 마음에 들지 않습니다. 심지어 한 명한테는 앞으로 좋은 성과를 내지 않으면 해고하겠다고 경고하기도 했어요."

그가 좀 더 자세히 설명했다. "본사를 상대하기가 점점 더 힘들어지고 있습니다. 본사에 뭔가를 제안하거나 요청하면 거절당하기 일쑤예요. 솔직히 본사 사람들은 아시아에서 리더로 일하는 것이 몇 배나 더 힘들다는 사실을 전혀 이해하지 못하는 꽉 막힌 관료들 같습니다."

"저는 항상 연말 인사고과에서 최상위 등급에 속했는데 작년부터는 한 등급 떨어졌습니다. 그 소식을 전하면서 직속 상사가 제 경영 스타일에 대해 불평을 늘어놓기까지 했고요. 좀 더 싹싹하

제2장 리더의 도전과제

게 행동해야 하는 걸까요? 어쨌든 지금까지 무척 힘들었습니다."

나는 마리오의 말에 공감했다. 아시아 지역 근무가 정말로 어려운 일이라는 것을 나도 잘 알고 있었다. 나는 그에게 의식적으로 고립 상황에서 벗어나기 위해 조처를 하지 않으면 스스로가 외부인처럼 느껴지기 쉽다고 조언했다. 비즈니스와 고객, 직원들의 현황을 파악하기 위해 어떤 방법을 쓰고 있는지도 물었다. "질문에 답해주고, 정보를 전해주며, 해야 할 일과 하지 말아야 할 일을 조언해주는 직원은 누구입니까? 돌아다니면서 직원들을 만나 질문하고 회사가 돌아가는 전반적인 상황을 파악합니까?"

"그런 적은 별로 없습니다." 마리오가 답했다. "리더들과 매주 만나기는 합니다. 사업 관련 보고서도 검토하고, 매출이나 지출 같은 중요한 측정 지표와 핵심 이니셔티브(Initiative)를 의논하죠."

나는 질문할 수 있고 일대일로 솔직한 조언을 구할 수 있는 사람들이 있느냐고 다시 물었다. "지금까지 어떤 직책에서도 그렇게 할 필요가 없었습니다. 물론 질문을 하긴 하죠. 하지만 저는 보통 사람들이 중요시하는 조직의 그런 행동을 그다지 좋아하지 않습니다. 전 역량과 성과가 가장 중요하다고 생각합니다. 야심 찬 목표를 세우고 이루는 것이 핵심이죠. 제 경험상 비즈니스의 핵심 요소들에 집중하고 높은 수준의 품질을 추구하면 사람들이

제 역량을 발휘하고 비즈니스도 순조롭게 돌아갑니다."

좀 더 자세히 물어보았다. "연말 평가에 대해 자세히 말해보세요. 그때 어떤 비판이 나왔죠? 인사고과 등급이 떨어졌다고 했는데 상사가 뭐라고 하던가요?"

마리오는 조금 전에 한 말을 자세히 설명해주었다. 그에 대한 비판은 그의 직원들한테서 나왔다. 독재적이고, 귀 기울여 듣지 않으며, 상황 파악을 하지 못한다는 사실을 모르는 것과, 현지 문화와 관행을 무시하고, 자기가 실제보다 더 많이 안다고 착각한다는 것 등이었다.

나는 마리오가 이런 피드백을 받고도 별로 불안해하는 기색이 아니라 더욱 걱정스러웠다. 경고 신호가 분명한데 정작 그는 자신의 방식을 밀고 나가느라 상사와 밑의 직원들이 보내는 분명한 메시지를 놓쳐버렸다. 왜 그가 연말 평가 결과를 심각하게 받아들이지 않는지 물어보았다.

그가 대답했다. "저는 문제를 바로잡을 목적으로 홍콩에 파견된 것입니다. 적대적이거나 날 마음에 들어 하지 않는 사람들이 있는 건 당연해요. 제가 문제 해결을 위해 회사를 뒤집어놓지 않으면 안 되었으니까요. 당연히 부정적인 피드백이 나올 수밖에 없습니다."

제2장 리더의 도전과제

마리오의 상황은 하버드 경영대학원에서 가르치는 사례 연구를 떠오르게 했다. 떠오르는 스타가 높은 자리에 오를수록 자신의 리더십 스타일을 상황에 맞게 조정하지 못해 어려움을 겪는다.[1] 나 역시 조직 생활을 하면서 직접 겪어본 일이라 마리오에게 솔직히 피드백을 해주고 싶었다. "마리오, 내 생각엔 당신이 나무만 보고 숲은 보지 못하는 것 같습니다. 현지 사업과 문화에 대해 배우고 현지 직원들이 언젠가 리더의 자리를 이어받을 수 있도록 잘 가르치고 발전시키는 게 파견된 리더의 임무입니다. 당신의 임무는 독재자나 주인공이 되는 게 아니에요. 당신을 도와 조직을 운영할 수 있는 강력한 팀을 만드는 것입니다. 자신을 스스로 나쁜 상황으로 몰고 간 것 같군요. 주변 사람들은 전부 문제가 뭔지 아는데 혼자만 모르고 있어요!"

　이쯤 되자 마리오는 나에게 조언을 구하러 온 걸 후회하는 듯한 기색이 역력했다. "로버트, 당신이 간부로 오래 일했다는 건 알지만 제가 이 회사를 이끄느라 어떤 일까지 겪었는지 이해하지 못하는 것 같군요. 수플레를 만들려면 달걀을 깨뜨려야 하는 법입니다."

　나는 웃으며 수플레를 만들 줄은 모르지만 문제를 발견했을 때 상대가 기분 나빠하더라도 솔직하게 지적해주는 방법은 알고 있다고 말했다. 그러자 마리오가 조금 진정하더니 물었다. "좋습니다. 그럼 정확히 뭘 어떻게 하라는 겁니까?"

"우선 리더십 스타일을 조금 바꿔보세요. 내가 하는 모든 제안은 당신의 고립 상태를 개선해 상황을 훨씬 더 명확하게 이해할 수 있도록 해줄 겁니다. 첫째, 세 명에서 다섯 명 정도의 직원을 골라 일대일로 면담을 하세요. 당신이 고칠 필요가 있거나 성과 개선에 도움되는 방법을 한두 가지 제안해달라고 하면 됩니다. 그들이 하는 말을 열심히 듣고 메모도 하세요. 직원들이 두려워서 말하기를 꺼릴 수도 있습니다. 그래도 인내심을 가지세요. 조언을 간절하게 청하세요."

"처음에는 이 정도면 충분할 겁니다. 당신이 지시하려 하고, 제대로 질문하거나 듣지 않을까 봐 걱정되는군요. 그러면 직원들로부터 꼭 필요한 조언을 얻지 못하고 결과적으로 자기 자신이나 상황을 제대로 이해할 수 없게 됩니다."

마리오는 약간 회의적인 태도를 보였지만 그래도 한 번 해보겠다고 했다. 얼마 후 그에게 연락이 왔다. 그는 사람들의 반응에 큰 충격을 받았다고 말했다. 그의 직원들은 비즈니스나 CEO에 관한 생각을 말할 기회가 생기기를 기다리고 있었다. 그들은 회사가 엉뚱한 자리에 엉뚱한 사람을 앉혔다고 생각했다. 마케팅

전략은 시대에 뒤떨어진 데다 홍콩이 아닌 유럽에 더 적합한 것이었다. 또한 그들은 마리오가 현지어가 유창하지만 그렇다고 현지 문화와 현지 소비자의 취향을 이해하는 것은 아니라고 했다. 이전에 내린 결정 일부를 번복하고 의사 결정 과정에 자신들을 참여시키는 것을 시작으로 의사 결정 방식을 바꾸라고 조언했다.

마리오는 큰 충격을 받았고 마음이 몹시 불편했는데 그 이유는 그들의 말이 전부 다 사실이었기 때문이다. 솔직히 기분이 썩 좋지는 않았지만 직원들의 말에 동의할 수밖에 없었다. 그러자 일부 중요한 결정이 잘못된 것처럼 보였던 이유가 이해되기 시작했다. 마리오는 팀과 함께 일하면 하향식으로 혼자 하는 것보다 훨씬 좋은 결과를 얻을 수 있다는 사실을 깨달았다.

나는 이 이야기가 전개되는 과정을 즐겁게 지켜보았다. 마리오는 아시아 지역에 근무하기 전까지 단 한 번도 실패를 경험한 적 없는 순종 경주마와 같았다. 하는 일마다 성공했고, 절대로 뭔가를 잘못할 수 없는 사람이었다. 좀 더 높은 직급에 올라 다른 이들의 도움이 필요한 상황에 놓이기 전까지는 말이다. 상황이 악화되는 것은 단지 시간문제였다. 다행히 그는 너무 늦기 전에 귀중한 교훈을 얻었다.

말했다시피 나이가 들고 직급이 높아질수록 고립의 위험이 더 커진다. 하지만 고립 문제는 젊은 사람들도 예외가 아니다. 일과 삶에서 일찌감치 고립을 피하는 방법을 생각해봐야 한다.

밀레니얼 세대

밀레니얼 세대는 역사상 가장 상호 연결성과 네트워크가 발달하고 이론상 가장 많은 정보를 보유한 세대이다. 그들은 다양한 기술을 자유자재로 전문가처럼 사용할 수 있다. 이론적으로는 사람들끼리 서로 소통하고 관계를 구축하고 고립을 피하는 방법을 마침내 깨우친 세대가 나왔다는 사실을 감사하게 여겨야 할 것이다. 이 모든 게 사실이라면 말이다. 그러나 놀랍게도 현실은 그 반대인 경우가 많다.

하버드에서 강의하면서 20대 중후반 남녀와 대화를 나눌 기회가 많았다. 내가 그들과 처음 하는 면담의 주제는 대부분 학교나 직업 선택 같은 것들이다. 몇 달 후 학생이 두 번째 또는 세 번째 면담을 신청하면 주제가 바뀌기 시작한다. 학생들은 그동안 너무 개인적인 일이라 창피해서 주저했던 좀 더 심각한 이야기를 꺼낸다. 예를 들어, 심각한 자기 의심, 부모님이나 애인과의 관계, 미래에 대한 두려움 같은 것이다.

그런 경우 내가 가장 먼저 하는 질문은 다른 누군가와 이 문제를 논의한 적이 있느냐는 것이다. 대개는 이런 답이 돌아온다. "아뇨, 아무에게도 말한 적 없어요." 내가 제대로 들은 게 맞는지 다시 확인해봐야 할 때도 있다. "제대로 들으신 게 맞아요. 지금까지 아무에게도 털어놓은 적 없어요."

나는 묻는다. "어째서? 분명 이런 문제에 대해 의논할 사람이 주변에 있을 텐데." 역시나 거의 항상 부정적인 대답이 돌아온다. "아뇨, 아무도 없습니다."

이런 일을 많이 겪고 나니 밀레니얼 세대가 사실은 내 세대보다 전반적으로 훨씬 더 고립되어 있다는 사실을 깨달았다. 하지만 어떻게 그럴 수 있단 말인가? 다들 소셜 네트워크에서 엄청나게 활동하는데? 문자를 하고 트윗을 올리고 페이스북, 인스타그램 등에서 서로를 팔로우하며 일거수일투족을 지켜보는데. 이메일도 자주 쓰고 말이다.

하지만 문제는 이것이다. 밀레니얼 세대에게 주어진 엄청나게 다양한 의사소통 방법은 대개 직접 만나서 나누는 대화를 간접적인 접촉으로 대신하는 것들이다. 전화 대신 문자를 하고 직접 만나는 대신 전화를 한다. 이런 원격 의사소통 방식은 사람과 사람의 관계를 돈독하게 해주지 않는다.

게다가 이런 의사소통 방식으로는 기본적으로 프라이버시를 지킬 수 없다. 특정 사이트에 올린 글이 전혀 상관없는 사람들에게까지 퍼져나갈 수 있다. 이런 어려운 문제를 해결하기 위해 사람들은 가면을 쓰고 동료 집단을 대하는 습관이 생겼다. 여기에는 잠재적인 문제가 있다. 습관은 깊이 스며드는 법이라 가장 가까운 관계에서마저 매력적인 가면을 쓰게 되는 것이다.

그 결과 그들은 얼굴을 맞댄 솔직한 소통에 시간을 덜 쓰게 되고, 자신이 마주한 진짜 문제를 드러내는 데도 익숙하지 않다. 가장 큰 문제와 불안을 친구나 가족에게도 드러내지 못하면 문제 해결에 필요한 조언을 구하기도 힘들어질 수밖에 없다. 고립으로 인해 이성적이고 명료한 사고가 어려워져서 결국 후회할 결정을 내리게 된다.

진짜 나를 보여주는 두려움

●

질문과 배움의 필요성을 받아들이고 고립 상황을 깨뜨리기 위해서는 연습이 필요하다. 어느 정도 자신에 대한 믿음도 있어야 한다. 그런데 아이러니하게도 이런 행동이 오히려 자신감 부족을 뜻한다고 생각하는 사람들이 많다. 앞에서 말했듯이 사람은 대부분 남에게 약하거나 멍청해 보이는 것을 싫어한다. 나약해 보이는 행동은 하지 않으려고 한다. 이런 경험을 해본 적 없거나 불쾌한 경험을 많이 한 사람이라면 그런 상황에 놓이는 것을 도저히 견딜 수 없을 것이다.

자신이 약하다고 느끼는 이유를 모를 수도 있다. 그것은 당신의 인생과 관련이 있을 수 있다. 예를 들어, 과거에 누군가를 믿었다가 배신당한 경험 같은 것 말이다. 어려서부터 부모님과의 관계가 나빴다거나 타인에게 의존하지 않도록 만든 과거의 어떤 경험이 있을 수도 있다.

문제는 리더십을 제대로 발휘하기 위해서는 다른 사람들과 함께 일하고 그들에게 어느 정도 의존해야 한다는 사실을 받아들여야 한다는 것이다.

어떤 사람들은 스스로 그리는 자화상 때문에 진짜 모습을 보여주지 못하기도 한다. 속으로 자신이 사기꾼이거나 정말 멍청하다고 생각할 수도 있다. 자신이 지금 이 자리에 어울리지 않는다거나 동료들과 비교해 한참 능력이 떨어진다고 생각할지도 모른다. 이것이 바로 진짜 문제가 생겼을 때 동료들에게 의견을 말하거나 반론을 제시하거나 밑의 직원들에게 피드백을 주거나 동료들에게 우려를 드러내고 문제 해결을 위해 협력하는 것이 그토록 힘든 이유다. 삶의 변화 과정에서 자신에 대해 잘 아는 것이 대단히 중요한 이유를 다음 장에서 더 자세히 살펴보도록 하자.

변화는 문제를 드러낸다

●

보통 사람들은 변화를 경험하기 전까지 자신의 고립 상태를 제대로 깨닫지 못한다. 여기에서 변화는 승진, 이직, 이사, 자신이나 가족에게 생긴 변화, 팀에 생긴 변화 등이 될 수 있다. 은퇴도 그중 한 가지다. 경제나 업계의 변화, 주력 제품의 수명 주기, 경쟁사의 행동도 변화를 촉발한다.

기폭제가 무엇이든 변화가 일어날 때마다 자신의 상황을 정확하게 평가하고 적절하게 대응해야 하는 리더의 부담감도 커진다. 환경이 변하므로 적응하지 못하면 결국 뒤처질 수밖에 없다. 적응 행동에는 전략, 직원, 리더십 스타일을 바꾸는 것 등이 있다.

고립되어 있으면 상황을 제대로 파악하거나 리더십 스타일을 시기적절하게 바꾸기 어렵다. 간부들이 제 역할을 제대로 하지 못하는 이유는 변화를 일찍 알아차리고 끔찍한 문제를 예방하거나 절호의 기회를 활용하지 못하기 때문이다. 리더십 실패에 관

제2장 리더의 도전과제

한 이야기를 살펴보면 변화에 제때 대처하지 못한 것을 후회하는 사람들이 많다.

연습하면 완벽해진다

여기까지 이야기한 내용이 리더십의 본질을 다시 생각하는 계기가 되기 바란다.

리더의 발전과 성장은 지속적인 과정이다. 그를 위해서는 모든 과정이 그러하듯 피나는 노력과 끈기가 필요하다. 기꺼이 배우려는 자세 갖기, 질문하기, 변화를 위해 조언 구하기, 고립에서 벗어나기는 모두 어려운 과제이다. 어느 정도 자신의 약한 모습을 드러내고 감내할 줄 알아야 한다. 열심히 노력할수록 더 잘할 수 있다.

다음 장에서는 더 좋은 리더가 되기 위해 거쳐야 할 과정과 단계에 대해 더 자세히 알아보겠다. 그 방법을 따른다면 다른 사람에게 부가가치를 부여하는 생각과 행동을 하는 능력이 크게 향상될 것이다.

● 자신의 리더십 스타일을 설명해보자. 당신의 리더십 스타일은 어떻게 효율성을 높여주는가? 또 어떻게 리더십 효율성을 약화하는가?

● 당신은 질문하고 조언을 구하고 피드백을 요청하고 다른 사람에게 업무를 위임하는가? "모릅니다", "생각이 바뀌었습니다", "그 조언이 마음에 듭니다", "내가 틀렸습니다"라고 말할 수 있는가? 할 수 없다면 그 이유는 무엇인가?

● 어떤 식으로 중요한 결정을 내리는가? 이 장을 읽고 나서 의사 결정 과정을 어떻게 바꿀 것인가?

● 무엇이 당신에게 스트레스를 주고 나약하게 만드는가? 당신의 실패 서사(3장 참조)는 무엇인가? 이 요소들이 어떻게 당신의 리더십 역량을 떨어뜨리는가?

● 고립 상태에서 벗어나기 위해 어떻게 하고 있는가?

제 3 장

리더가 거쳐야 할 필수 과정

주체적으로 생각하고 행동하는 법 배우기

1장에서 리더십의 핵심 요소와 책임 의식의 중요성에 관해 이야기했다. 그리고 2장에서는 리더들이 책임 의식을 갖지 못하게 가로막는 문제들을 살펴보고 고립 상황을 피하려면 계속 배우려는 태도를 가져야 한다는 사실을 확인했다. 이 이야기들이 마음에 와닿는가? 그렇다면 이제 리더십 능력을 키우고 리더의 앞을 가로막는 잠재적 함정을 피하기 위해 실천적인 행동 단계를 밟을 시간이다. 리더십에서 가장 중요한 것은 배우는 일이다. 쉽게 배울 수 있고 당신이 꼭 밟아야 하는 과정들이 있다. 이는 리더가 역량을 계발하고 주체적으로 생각하면서 행동하도록 해줄 것이다.

목적지가 아니라 여정

●

우리는 매일 리더십과 관련된 프로세스를 적어도 두 가지 이상 거친다. 분명하게 인지하지 못할 수도 있지만 우리가 매일 밟는 과정이다. 문제는 잘하려고 노력하면서 규율에 따라 주도적으로 하느냐 아니면 되는대로 해서 발전과 성과를 깎아 먹느냐이다.

그 첫 번째 과정은 내가 '비전, 우선순위, 일치'라고 부르는 것이다. 이것은 주로 가치를 더하는 차별화된 방법을 분명하게 정하고, 그러한 가치 부여에 필요한 우선순위를 정하며, 경영진의 의사 결정이 목표 달성과 일치하는지 확인하는 전략적 과정이다. 이 과정에 대한 좀 더 자세한 내용은 내 책《리더십 탐독(What to Ask the Person in the Mirror)》에서 찾아볼 수 있다.[1]

이 접근법은 모든 답을 다 아는 것보다 올바른 질문을 만드는 것이 리더십 발휘에 더 큰 의미를 지닌다는 사실을 전제로 한다. 유능한 리더는 조직이 차별화된 가치를 부여하고 목표 달성과 일치하는 의사 결정을 내리는 데 집중하도록 만든다.

두 번째 과정은 첫 번째와 나란히 소리 없이 이루어진다. 이것은 첫 번째보다 덜 지적인 활동이지만 자기 자신에 관한 것이라 어떻게 보면 훨씬 더 두려운 것일 수 있다. 이 과정은 바로 자신을 이해하고 자신이 어떤 사람인지 배우는 습관을 기르는 것이다. 두 번째 과정을 자세히 살펴보고 싶다면 내 책 《나와 마주서는 용기(What You're Really Meant to Do)》를 참고하기 바란다.[2]

이 접근법은 '자기 이해'가 유능한 리더가 되는 방법을 배우는데 매우 중요하다는 사실을 바탕으로 한다. 이렇게 보면 너무 당연한 말처럼 들릴지도 모른다. 하지만 실제로 자신을 알려고 노력하지 않고 자기 이해를 책임 의식과 연결하지 못하는 사람들이 많다.

재능 있는 사람들은 삶과 일의 다양한 변화 단계에서 상황을 분석할 수는 있지만 자신이 어떤 행동을 하는 이유를 이해하지 못하는 난관을 맞닥뜨리곤 한다. 그 결과 자신이 지닌 리더십 잠재력을 최대한 발휘하지 못한다. 자기 이해 과정은 자기 인식을 개선하고 그 이해를 바탕으로 지도력을 개발하는 데 필요한, 평생 밟아나가야 하는 행동 단계를 마련함으로써 이런 힘든 상황을 헤쳐 나가도록 도와준다.

당신은 앞의 두 문단을 읽고 이렇게 생각할지도 모른다. "도대체 무슨 소리를 하는 거지? 난 내가 저런 과정을 밟고 있는지 전혀 모르겠는데." 다시 한번 말하지만 당신이 인지하거나 적극적으로 관여하지 않아도 날마다 이 두 가지 과정을 거치고 있다.

제3장 리더가 거쳐야 할 필수 과정

특히 명확한 비전을 제시하고 우선순위를 정하며 일치 상태를 만드는 것은 당신이 매일 의식적으로 관여해야만 하는 과정이다. 마찬가지로, 자신을 이해하는 능력은 매일 당신이 어떤 행동을 할 때나, 심지어 하지 않을 때조차도 영향을 끼친다. 이 과정들을 현재 바로 앞에서 일어나고 있는 활동의 흐름이라고 생각해보자. 문제는 무슨 일이 일어날 때마다 그때그때 즉흥적으로 대처하면서 잘못된 결과가 나오면 의아해하는 것이 아니라 당신이 이런 흐름에 눈을 뜨고 주도적으로 관리하는 것이다.

거듭 강조하지만 리더십은 배우고 또 계속 익히는 것이다. 주체적으로 생각하고 행동하는 것에는 지적인 것뿐만 아니라 감정적인 것을 탐구하는 것도 포함한다. 혼란스러운 일과 삶 속에서 어떤 것에 특히 주의를 기울여야 하는지를 알고, 자신을 더 잘 이해하는 방법을 알아야 한다. 이 장에서는 이 과정들을 자세히 살펴보고 리더가 되려면, 리더가 발전하려면, 리더가 다른 길로 벗어나지 않으려면 왜 그것들이 중요한지 알아본다. 다시 한번 말하지만, 올바른 질문을 하고 기꺼이 배우려는 자세를 갖는 것이 중요하므로 이 두 가지 과정이야말로 당신이 반드시 집중해야만 하는 활동이다.

비전, 우선순위, 일치

●

비전을 분명하게 표현하고, 3~5가지 가장 중요한 우선순위를 정하며, 비전과의 일치 정도를 평가하는 단계들을 거치면 리더십의 효율성이 극적으로 향상된다. 자동차로 여행을 떠나는 것과 비슷하다. 어디로 가는가? 거기에 왜 가는가? 그곳에 도착하기 위해 가장 중요한 것은 무엇인가? 여행을 시작해 올바른 경로로 가고 있는가, 아니면 궤도를 벗어났는가? 여행을 떠날 때 꼭 떠올려야 하는 이 질문들은 리더의 길을 가는 데도 매우 중요하다. 또한 직원들이 주체적으로 생각하고 행동할 수 있도록 힘을 실어주는 데도 도움이 된다. 모든 팀원이 공동의 목적지를 알고 있으면 조직이 훨씬 손쉽게 그곳에 이르도록 도와주는 행동을 주도적으로 할 수 있다.

비전

비전은 포부이다. 기업이 어떻게 '차별화'된 방식으로 사람들에게 부가가치를 부여해주는지를 설명한다. 앞에서 살펴본 것처럼 리더십의 필수 요소는 다른 사람들을 위한 가치 부여에 집중하는 것이다. 여기에서 '가치 부여'는 기업이 고객을 비롯한 주요 대상에게 이익을 가져다주는 것을 말한다. '차별화'라는 단어를 강조한 것은 조직이 경쟁사들을 넘어서는 탁월한 제품이나 서비스를 만들어야 하기 때문이다. 시장의 다른 비교 대상들보다 우수하거나 보완 가능한 것이라야 한다. 이런 식으로 생각해보자. 만약 우리 기업이 존재하지 않는다면 세상은 어떤 점에서 손해를 볼까?

이 질문은 사람들이 대의를 위해 일할 수 있는 까닭에 매일 아침 침대를 박차고 일어나 출근하는 이유가 되어준다. 오랫동안 성공을 구가한 기업들 중 끊임없이 이 질문을 던지고 답하는 일을 소홀히 한 기업은 하나도 없다. 단기적으로는 성공을 거두었지만 사람들에게 차별화된 가치를 제공하는 데 중점을 두지 않은 까닭에 결국 실패한 리더나 기업은 수도 없이 많지만 말이다.

결국 수익은 차별화된 가치 부여에 따르는 결과이다. 탁월한 기업 리더나 조직이 고객들에게 뛰어난 제품과 서비스를 제공하고 개선하는 방법을 정기적으로 발전시켜야 하는 이유도 그 때문이다. 이 목표를 꾸준히 추구하고 달성하면 그 결과 수익이 발생하는 것이다. 나는 리더가 수익성을 가장 우선시하기 시작해서 기업이 스스로 곤경에 처하고 결국 적자가 나고 심지어 파산에까지 이르는 경우를 심심찮게 보았다. 그들은 고객을 위한 가치 부여가 아니라 수익 자체가 비전이라고 믿는 실수를 저질렀다.

따라서 리더는 이 질문을 하고 또 해야 한다. 우리는 차별화된 가치를 부여하고 있는가? 리더는 이 과제에 대해 주체적으로 생각하고 책임감을 느껴야 한다. 그러려면 한 단계 더 나아가서 직원들과 주요 대상에게 정기적으로 비전을 표현해야 한다. 그리고 리더는 모든 직원이 그 아래 직원이나 관련자들에 똑같이 하도록 격려해야 한다.

이렇게 하면 직원들 역시 주체적으로 생각하고 행동하는 능력이 향상된다. 직원들이 소신을 갖고 믿음에 따라 행동하도록 힘을 실어주기 바란다. 비전이 명확하면 직원들이 가치를 부여하는 방법을 정확히 알고 거기에 초점을 맞추므로 서로 같은 방향을 향해 가게 된다. 마찬가지로 직원들에게 힘이 실리므로 기업의 가치 부여 능력에 균열이 발견되면 그들이 스스로 손을 들고 관리자들에게 문제를 알려 함께 해결하고 변화를 가져올 수 있다. 그러면 직원들은 개인보다 더 중요한 대의를 위해 노력할 수 있다. 책임 의식을 갖고 행동하는 것이다.

이 과정은 절대로 끝나지 않는 현재 진행형이다. 세상은 끊임없이 변화하므로 몇 년 전의 가치 부여 방식이 오늘날에도 유효하기는 힘들다. 왜 그럴까? 제품 수명 주기, 제품 범용화, 세계화,

기술 혁신, 사회적 규범과 소비자 행동 같은 변화가 계속 일어나기 때문이다. 이러한 변화는 기업의 가치 제안이 언젠가 변할 수밖에 없도록 만든다. 리더가 계속 배움에 열려있어야만 기업의 가치 제안을 정기적으로 발전시킬 수 있다. 어떻게 차별화된 가치를 부여할 것인가? 뒤처지지 않기 위해 리더는 정기적으로 이 질문을 던져야 한다.

기업이 매일 어떤 일을 처리하는 '이유'가 바로 비전이다. 비전은 리더와 직원들의 강력한 도구이자 상황을 바라보는 관점이 되어준다.

우선순위

명확한 비전을 세우는 것만으로는 충분하지 않다. 리더는 비전을 핵심만 추려 관리 가능한 정도의 숫자로 만들어야 한다. 3~5가지가 가장 이상적이다. 우선순위는 조직이 차별화된 가치 부여를 위해 반드시 훌륭하게 실천에 옮겨야 하는 과제를 말한다. 3~5가지가 좋은 이유는 우선순위가 열 개면 아예 없는 것이나 마찬가지이기 때문이다. 우선순위 과제가 3~5가지를 넘어가면 리더가 조직에게 그것들을 전부 최고의 수준으로 실행하도록 만들기가 힘들다.

최우선 우선순위의 예로는 유능한 인재 유치, 보유, 계발, 핵심 고객과의 밀접한 관계 구축, 새로운 제품 및 서비스 혁신, 재고 관리와 고객 정보 분석을 위한 최첨단 정보 기술에 대한 투자 등이 있다.

리더는 팀과 함께 이 최우선 과제들을 찾아야 하는데, 이는 많은 걱정과 고통이 따르는 일이다. 왜 그럴까? 우선순위 하나를 선택하면 다른 하나를 포기해야 하기 때문이다. 따라서 장단점을 두루 따져보고 트레이드오프 선택을 내려야만 한다. 가장 중요한 우선순위를 분명하게 정해놓으면 트레이드오프 결정을 내려야 하는 상황이 되었을 때 직원들이 현명한 판단을 할 수 있다.

우선순위를 선택하기 위해서는 몇 주 동안 고민하고 연구해야 할 수도 있다. 예를 들어, 기업이 고객에게 더해준다고 믿는 가치의 핵심 동인에 대해 논의하기 위해 고객을 인터뷰해야 할 수도 있다. 이러한 동인들은 당신이 선택한 우선순위와 직접적으로 연결되어 있어야 한다.

패션 회사의 우선순위

나는 여성들을 위한 옷을 디자인하고 생산하는 회사의 고문으로 일한 적이 있다. 그 기업의 리더들은 그들이 갖고 있는 차별화

제3장 리더가 거쳐야 할 필수 과정

된 가치가 최신 패션 트렌드를 예측하고 그에 맞는 상품을 디자인하는 것이라고 생각했다. 또한 그 기업은 소매업체들이 소비자가 옷을 한 벌로 맞춰 입는 데 필요한 서비스를 제공했다. 패션과 서비스를 합쳐 고객들이 세련되고 독특한 스타일을 추구하도록 도와주었다. 고객들은 그 회사의 옷을 입고 행사에 참석하면 매우 세련되어 보이고 비슷한 옷을 입은 사람을 만날 가능성도 적다고 믿게 되었다.

이 기업의 CEO는 고객들에게 부가가치를 제공하려면 세계 최고의 디자이너를 고용하고 최고의 자재를 사용하며 높은 가격을 매겨 시간과 재료에 대한 엄청난 투자액을 회수해야 한다고 믿었다. 그리고 유통 경로도 최고가인 상품의 최상의 품질에 어울려야 했다. CEO는 이 우선순위를 지키기 위해 브랜드나 기업의 가치 제안과 일치하지 않는 소매업체들과의 거래를 거절했다. 기업의 비전과 우선순위가 모든 직원에게 명확하고 반복적으로 전달되었고 모든 의사 결정의 기준이 되었다.

이 기업은 3~5가지 핵심 우선순위를 분명하게 표현하는 것이 왜 중요한지를 보여주는 좋은 예이다. 만약 우선순위에 변화가 필요하다고 생각한다면 팀과 함께 조정 방법을 찾아야 한다. 물론 간단한 일은 아니다. 구체적인 우선순위는 직원들이 시간을 사용하는 방식을 결정한다. 그런 만큼 우선순위를 신중하게 정하고 정기적으로 회사 전체에 전달해야 한다.

이 과정에는 보통 두 번째 단계가 있기 마련이다. 즉 조직 전체가 따르는 우선순위가 필요하지만 각 사업 부문에도 저마다 조율을 통해 결정한 핵심 우선순위가 있어야 한다.

다시 말해서 모든 부서가 저마다 고유한 방식으로 조직의 비전에 이바지하도록 해야 한다. 예를 들어, IT 부서는 조직 전체의 비전 달성을 위해 협력하는 한편 스스로 조직에 가치를 더할 수 있는 세 가지 핵심 우선순위를 따로 정해야 한다. 법률, 인사, 생산 부서, 일본 자회사 등도 마찬가지이다. 이런 우선순위 설정 방법이 조직 전체로 퍼져나가 관행으로 자리 잡아야 한다.

리더가 해야 할 가장 중요한 일은, 우선순위를 정하고 조직 전체에 제대로 전달하는 것이다. 군이 그렇게 하지 않아도 이미 부서마다 각기 따르는 우선순위가 있을 것이다. 그러나 직원과 리더가 조직 전체의 목적을 서로 다르게 해석한다면 그것은 문제가 된다. 이렇게 되는 대로 우선순위를 설정하는 것은 혼란을 일으킨다. 직원들이 서로 다른 목적을 추구하고 결국 자신이 무엇을 해야 하는지 확실히 알지 못하게 된다.

혼란 상태에서는 당연히 직원들이 주체적으로 생각하고 행동하는 능력이 떨어질 수밖에 없다. 결과적으로 업무 효율성이 떨어지고 권한도 줄어들었다는 생각이 들도록 만들어 리더와 조직의 성과를 모두 떨어뜨리는 결과를 가져온다.

일치

명확한 비전과 구체적인 우선순위를 찾고 나면 매일 내려야만 하는 무수히 많은 의사 결정에 주의를 기울여야 한다. 특히 크고 작은 모든 결정을 비전의 달성 및 우선순위의 실천과 일치시키는 데 집중해야 한다.

'일치 혹은 정렬(alignment)'이라는 것은 모두 같은 방향으로 움직이도록 자동차의 바퀴를 조정하는 것과 비슷하다. 어떤 행동을 할 때마다 방향 정렬에 도움이 되는지, 아니면 그런 상태를 깨뜨릴 위험이 있는지 고려해야 한다. 결정을 내릴 때마다 정렬에 미치는 영향을 평가해야 하는 것이다. 직원들도 책임 의식을 갖고 똑같이 그렇게 하도록 교육해야 한다. 팀을 참여시켜 비전을 명확하게 표현하고, 관리 가능한 숫자 이내로 우선순위를 정하며, 정렬에 끼치는 긍정적인(혹은 부정적인) 영향을 기준으로 핵심 의사 결정을 평가하는 체계적인 과정을 밟아야만 가능한 일이다.

디자인 요소

당신이 매일 내리는 결정은 대개 조직의 디자인 요소 한두 개
와 관련 있다. 그 결정은 다음과 같다.

● 인재 채용. 당신이 고용하는 사람들의 프로필은 어떤가? 어떤
  교육 수준, 기술 수준, 경력이 필요한가? 나이, 포부, 직업 윤리,
  성격, 다양성의 측면에서 볼 때 그들의 개인적인 특징은 무엇인
  가? 이 모든 요소를 정기적으로 고려해야 한다. 특히 비전과 우
  선순위 달성에 도움이 되는지를 분명하게 살피는 것이 매우 중
  요하다.

● 주요 과제. 기업의 비전과 우선순위 달성을 위해 당신이 잘해야
  만 하는 주요 업무는 무엇인가? 기업이 성공하기 위해 리더가
  잘해야 하는 업무에는 여러 가지가 있고, 비즈니스의 유형에 따
  라 다르다. 기업의 가장 중요한 업무 네다섯 가지를 나열할 수
  있는가? 이는 십계명처럼 하늘이 정해주는 것이 아니다. 리더인
  당신이나 다른 누군가가 정하는 것이다. 과연 올바른 과제를 선
  택해 거기에 초점을 맞추고 있는지 질문해봐야 한다.

● 공식 조직. 이것은 조직의 보고 구조와 관련 있는 디자인 요소이
  다. 직원들의 물리적인 배치, 임금 지급, 승진, 직원 평가, 회의 유

제3장 리더가 거쳐야 할 필수 과정

형, 조직의 설계 및 운영에 필요한 무수한 과정들이 여기 해당한다. 당신은 이 중 많은 요소와 과정들을 당연하게 받아들이겠지만 그래서는 안 된다. 이 선택과 과정을 확실하게 정리해놓으면 그것들이 여전히 비전 및 우선순위와 일치하는지 파악하는 데 도움이 된다.

● 리더십 스타일. 당신은 어떤 식으로 사람들을 이끄는가? 자신의 스타일을 자세하게 설명할 수 있는가? 대립적인 스타일인가? 일대일과 그룹 회의 중에서 어느 쪽을 선호하는가? 권한을 위임하고 사람들을 코칭하는가? 개방적인가? 조심스러운가? 적극적인 소통으로 의견을 정확하게 전달하는가? 일이 잘못되었을 때 어떻게 하는가? 리더의 리더십 스타일은 기업의 방향 정렬에 커다란 영향을 미칠 수 있다. 자신의 스타일을 알고 있는가? 일단 스타일을 적어보는 것부터 시작하자.

● 문화. 이는 조직이 '해야 할 일'과 '하지 말아야 할 일'을 알려주는 규범이다. 일반적으로 기업 문화는 업종, 기업의 환경, 채용하는 직원들의 유형, 직원들에게 주어지는 업무, 기업의 공식 구성 요소(구조 및 주요 인센티브 포함), 리더의 리더십 스타일에 영향을 받는다.

문화는 그 자체로 좋지도 않고 나쁘지도 않지만 비전과 우선순위 달성에 유리한 방향으로 조직을 정렬해주거나 그 반대이거나 둘 중 하나이다. 기업 문화를 분석하는 방법은 문화를 정확히 글로 설명하고 나서 정렬에 관한 질문을 던지는 것이다. 문화를 바꾸려면 주요 디자인 요소를 하나 이상 바꿔야 한다. 아무리 훌륭한 연설이라도 특정한 설계 요소의 변화가 뒷받침되지 않으면 효과가 없다.

이러한 디자인 요소 분석을 토대로 종이 한 장을 두 칸으로 나눠 한쪽에는 '정렬', 또 다른 한쪽에는 '정렬 이탈'이라고 적는다. 조직에서 조직에 유리한 방향으로 정렬된 것과 정렬되지 않은 요소를 적어본다.

조직에는 대부분 정렬이 잘 되어 있는 부분과 그렇지 못한 부분이 있다. 또한 정렬된 상태에서 벗어나게 만드는 사건이 계속 발생하기 마련이다. 경쟁업체가 중대한 행보를 보이고, 경기가 침체하며, 유능한 인재가 그만두고, 리더가 지루함을 느껴 리더십 스타일을 바꾸는 것 등이 그 예이다. 또한 어떤 결정들은 비전과 우선순위 달성에 끼치는 영향을 완벽하게 고려하지 않으면 무심코 방향 정렬을 무너뜨리기도 한다. 따라서 이런 질문을 정

제3장 리더가 거쳐야 할 필수 과정

기적으로 떠올리고 비전과 우선순위를 의사 결정의 기준으로 삼아야 한다.

경영 전략을 바꾸는 이유는 정렬에서 벗어난 영역을 다시 정렬하기 위함이다. 무언가를 바꾸는 이유는 비전 및 핵심 우선순위와 일치하도록 새로이 방향을 정렬하기 위해서이다.

백지상태에서 생각하기

이런 식으로 조직을 분석하는 방법이 마음에 든다면 '백지' 연습법을 활용해보기 바란다. 떠오르는 젊고 다양한 리더 네다섯 명을 모아 다음과 같은 질문을 던진다.

- 만약 우리 회사를 처음부터 다시 시작한다면, 조직의 디자인 요소를 어떻게 바꿀 것인가?
- 우리가 채용하는 인재 유형, 수행하는 업무, 임금과 승진 체계, 리더의 리더십 스타일은 모두 다 적절한가?
- 그렇지 않다면 이러한 디자인 요소들을 어떻게 바꿀 것인가?

이러한 분석을 하면 감정을 배제한 냉철한 조언을 얻을 수 있을 뿐만 아니라 성장하는 젊은 리더들에게 훌륭한 학습 경험도 제공할 수 있다. 경력 초기 단계에서 주체적으로 생각하고 행동할 기회를 주는 일이기 때문이다. 물론 그들의 조언에 전부 동의할 수는 없더라도 조직의 발전에 이로운 서너 가지 훌륭한 아이디어를 얻을 수 있을 것이다. 실제로 이는 현재의 조직을 설계한 당사자가 아니기 때문에 감정에 휘둘리지 않는 사람들의 의견을 얻어 당신의 사각지대를 해결하는 좋은 방법이다.

당신의 기업은 어떤 사람을 채용하고 해고하고, 어떤 식으로 책상을 배치하며, 급여 체계와 의료 보험 혜택은 어떤가? 제품 유통은 어떤 방식으로 하는 것이 적절한가? 라스베이거스에서 열리는 업계 콘퍼런스에 직원들을 보내는 것이 좋을까? 실수를 저지른 유능한 인재를 내보내야 할까, 아니면 그냥 넘어가야 할까? 이 업무를 위임해야 할까, 아니면 그냥 직접 해야 할까? 리더는 매일 이런 질문에 답해야 한다. 당신의 모든 결정은 비전과 핵심 우선순위 달성에 도움이 되는가를 기준으로 내려져야 한다.

리더십 성공 플랜

비전과 우선순위는 리더가 하는 모든 행동의 판단 기준이 되어야 한다. 비전과 우선순위가 명확하지 않으면 리더도 직원들도

제3장 리더가 거쳐야 할 필수 과정

무엇을 해야 하는지 알지 못하는 경우가 많다. 사람들은 압박이 심하면 '본능'을 따르거나 리더가 원한다고 생각하는 일을 하거나 그냥 가장 편리한 방법을 택한다. 도무지 결정을 내릴 수 없어서 아무것도 하지 않을 수도 있다.

앞서 말한 대로 리더십은 주체의 입장에서 생각하고 소신과 확신을 바탕으로 타인에게 부가가치를 더하는 행동을 실천에 옮기는 일이다. 그렇다면 회사와 모든 부서가 어떤 식으로 해야 가치를 더할 수 있는지를 알아내야 한다. 리더는 조직의 명확한 비전을 찾고, 비전을 달성해주는 핵심 우선순위를 정해야 한다. 이런 기본적인 요소가 마련되면 리더와 직원들이 주도적으로 일할 수 있는 정렬된 조직을 만들 수 있다.

그렇게 재미있어 보이진 않겠지만 장담하건대 이 과정은 리더십의 핵심이다. 리더십에서 가장 중요한 것은 결국 당신이 무엇을 하느냐이다. 리더십은 행동이다. 화려한 미사여구도 중요하지만 궁극적으로 리더십은 당신이 하는 일이다. 비전, 우선순위, 일치는 무엇을 할지 결정하고 성공에 이르게 해주는 행동 플랜이다.

책임 의식을 갖는 데 필수적인 두 번째 과정
●

비전, 우선순위, 일치와 동시에 진행되는 두 번째 과정이 있다. 이 두 번째 과정은 확실한 형태가 없으며 골치 아프고 두렵기까지 한 경우가 많다. 앞에서 말했듯이 사람들은 대부분 이런 상태를 어렴풋이 인지하고 있으며 계속 그런 식이기를 원한다. 왜 그럴까? 바로 자기 자신에 관한 것이기 때문이다.

내가 간부들에게 이 주제에 관해 이야기하면 거의 이런 반응을 보인다. "당신이 기업가인 줄 알았지, 예민한 심리학자인 줄은 몰랐네요! 대체 그런 뜬구름 잡는 소리가 리더십, 아니 비즈니스와 무슨 관계가 있습니까? 내 목적은 돈을 버는 겁니다(혹은 비영리 단체 운영, 선거 승리). 자기성찰을 하거나 삶의 의미나 찾고 있을 만큼 한가롭지 않습니다. 처리할 업무도 산더미 같고 회사를 경영해야 한다고요!"

충분히 이해할 수 있는 반응이다. 나도 과거에 똑같이 생각했으니까. 내가 이 주제에 대해 깊이 생각해보기 시작한 것은 어떤 상황에 대한 내 감정적인 반응이 업무 능력을 떨어뜨린다는 사실을 깨닫고부터였다. 내가 그렇게 행동하는 이유를 도무지 알 수가 없었다. 나는 거울 속에 비친 나를 향해 스스로 어려운 질문

제3장 리더가 거쳐야 할 필수 과정

을 던지지 않으면 잠재력에 도달할 수 없다는 사실을 배웠다(지금도 계속 배우는 중이다).

자신을 이해하는 일은 도망칠 수도 없고 옆으로 제쳐놓고 나중에 처리하면 되는 일도 아니다. 바로 내가 책임 의식을 갖고 책임져야만 하는 과정이다. 자신을 이해하는 것은 일상의 업무 능력에 영향을 끼친다. 문제는 열린 마음으로 자신에 대해 알아갈 것인지, 아니면 그 부분은 절대로 건드리지 않을 것인지 결정하는 것이다.

내가 열린 태도로 배우고 질문하고 고립을 피하라고 말하면 리더들은 열렬히 고개를 끄덕이며 동의한다. "네, 동의합니다. 중요한 일이죠."라고 하면서. 하지만 거기에 자신이 누구인지 알아가는 질문도 포함되어 있다고 말하는 순간 그들은 의외라는 듯이 이렇게 반문한다. "그게 리더십 계발에 필수적인 부분이라고요?" 그렇다.

당신은 자신의 행동 동기에 대해 잘 알고 있는가? 어느 정도까지 위험을 감수할 수 있고, 스트레스를 가져다주는 요인은 무엇인가? 당신이 하루 동안 하는 모든 행동에 대해 생각해보기 바란다. 크고 작은 업무를 동시에 처리하고 특정 상황을 분석하며 사람들과 대화하고 질문하기, 몰라도 아는 척하며 사람들에게 반론을 제기하거나 혹은 두려움 때문에 반박하지 않기, 이성을 잃거나 혹은 두려워서 화가 난 것을 감추기, 직원들을 위로하고 조언을 구하며 설득하고 설득당하기 등 이 모든 행동을 어떻게 하느냐는 당신이 어떤 사람인지에 따라 결정된다.

자신이 어떤 행동을 왜 하는지 알고 있는가? 왜 권한을 위임하지 못하는가? 왜 너무 많이 위임하는가? 왜 사람들과 정면으로 부딪치지 못하는가? 왜 그렇게 자주 대립하는가? 왜 실수를 인정하지 못하는가? 왜 틀렸다는 걸 인정하지 못하는가? 왜 의견을 바꾸지 못하는가? 리스트는 끝도 없다. 리더로서 당신은 자신의 행동 동기를 이해하기 위해 계속 노력해야 한다. 일부러 모른 척한다면 당신은 생각하는 것보다 훨씬 심한 고립 상태에 놓일 것이다. 앞에서 말한 것처럼 다들 문제를 알고 있는데 혼자만 모르고 있을 가능성이 크다!

강점과 약점

자기 이해 과정은 자신의 강점과 약점을 적는 것으로부터 시작한다. 아주 간단해 보이지만 제대로 해내기가 쉽지 않은 일이다.

왜일까? 우선 사람에게는 누구나 사각지대가 있다. 그래서 특히 약점을 알기 위해서는 평소 우리를 관찰하는 주변 사람들에

제3장 리더가 거쳐야 할 필수 과정

게 피드백을 얻어야 한다. 사람들은 당신이 수용적인 태도로 요청해야만 기꺼이 피드백을 주려고 할 것이다. 그들은 당신을 불쾌하게 만들고 싶지 않다. 그런 까닭에 당신이 건설적인 비판도 기꺼이 받아들이리라는 확신이 들어야만 입을 열 것이다. 당신의 감정을 상하게 해서 미움받는 위험을 감수하고자 하는 사람은 없기 때문이다. 따라서 자기 이해를 위해 책임 의식을 갖는다는 것은, 분명하게 도움을 구하고 반박하지 않고 귀 기울인다는 뜻이다. 사람들에게 위험을 감수하면서까지 도와줘서 고맙게 생각한다는 믿음을 줄 수 있어야 한다.

이 과정에서 많은 사람들이 불편함을 느낀다. 불안감이 크거나 높은 직책에 있으니 조언이나 도움을 구해 약점을 보여서는 안 된다고 생각할 경우 특히 그렇다. 피드백을 구하려고 하지 않는 사람은 자신의 약점이 능력을 점점 더 약화시킨다는 사실을 깨닫지 못한다. 어느 날 자신의 경력과 평판에 오랜 기간 손상을 입히는 결정적인 사건이 발생하기 전까지 말이다. 결국 이것은 스스로 만든 상처인 셈이다. 겸손한 자세로 약점에 대한 피드백을 요청했더라면 이런 일은 피할 수 있었을 것이다.

강점과 단점을 분석하는 이유는 곧바로 약점을 해결하기 위한 실행 계획을 세우는 단계로 넘어가기 위해서가 아니다. 첫 번째 단계는 장단점을 인식하는 것이다. 분석이 먼저이고 기술을 다루기 위한 전략을 세우는 것은 두 번째이다. 해결을 시도할 가치가 없는 약점도 있다. 예를 들어, 당신의 분석 능력이 떨어진다면 분석 능력을 키워주는 행동을 실천에 옮기기 어려울 것이다. 또한 업무의 특징이나 팀의 구성에 따라 굳이 그 약점을 해결할 필요가 없을 수도 있다.

한 가지 생산적인 연습법은 당신이 현재 직책에서 성과 역량을 높이기 위해 달성해야 하는 과제가 무엇인지 찾는 것이다. 그다음에는 그 과제들이 당신의 강점 및 약점과 어떻게 연결되는지 살펴봐야 한다. 자신이 가진 기술로는 해결하기 힘든 핵심 과제가 있다면 팀원에게 위임하는 것이 더 효과적인지 살펴야 한다. 여러 비즈니스에 꼭 필요한 기술과 소셜 미디어 기술의 등장이 좋은 예이다. 리더가 즉시 이러한 기술의 전문가가 될 필요도 없고, 꼭 기술을 자유자재로 구사해야 하는 것도 아니다. 하지만 그런 능력을 갖춘 사람을 반드시 팀에 두어야 한다.

이런 판단은 자기 인식을 키워 훌륭하게 업무를 수행하도록 도와주는 전략을 살피는 것으로 시작된다.

탁월한 리더는 모든 걸 다 잘할 필요가 없고 고집스럽게 모든 일을 스스로 하려고 할 필요가 없다는 사실을 알고 있다. 그리고 자기 인식을 향상하고 필요한 기술을 갖춘 팀을 꾸리고 위임을 잘하는 방법을 배워야 한다는 걸 알고 있다.

강점과 단점은 절대적이지 않으며 업무나 과제에 따라 상대적이다. 업무가 바뀌면 강점과 약점도 달라진다. 예를 들어, 글쓰기 능력의 중요성은 당신의 직업이 사업가인지, 대학 영어 교수인지에 따라 천지 차이이다. 그리고 다섯 명을 관리하는 데 필요한 기술은 다양한 부서에 걸쳐 오백 명을 관리하는 업무에 필요한 기술과 크게 다를 수 있다. 현재 또는 미래에 반드시 훌륭하게 처리해야 하는 가장 중요한 서너 가지 과제를 기준으로 자신의 기술을 측정하는 것이 핵심이다. 따라서 특정 업무를 연구해 서너 가지 주요 과제를 결정해야 한다. 정기적으로 이렇게 질문해야 한다. '내가 맡은 업무를 탁월하게 처리하려면 어떤 기술이 필요한가?'

이 과정에서는 피드백을 요청하고 특정한 업무에 필요한 기술을 찾아 자신의 기술과 비교하는 능력이 요구된다.

자신의 강점과 약점을 아는 것은 리더십의 기본 구성 요소이다. 소신과 확신을 바탕으로 책임 의식을 갖고 행동하려면 자신이 가진 기술을 이해할 필요가 있다. 자신이 가진 기술과 한계를 알면 상황을 파악하거나 행동 계획을 세울 때 어떤 부분에서 다른 사람들의 도움이 필요한지 쉽게 파악할 수 있다.

열정

일단 자신이 가진 기술을 알았다면 그다음 단계로 넘어가 자신이 좋아하는 게 무엇인지 알아봐야 한다. 열정은 높은 성과로 이끄는 로켓 연료이다. 분석, 행동 방법 찾기, 기업의 비전과 우선순위 고민하기 등 유능한 지도자가 되기 위해 해야 할 일이 정말 많다. 하지만 일을 사랑하고 조직의 사명을 깊이 신뢰하면 이 모든 일이 훨씬 더 쉬워진다. 물론 아무리 일을 사랑해도 나쁜 상황은 닥치기 마련이다. 하지만 일에 대한 열정은 그런 시간을 무사히 헤쳐 나가게 해준다.

자신을 이해한다는 것은 내가 무엇을 좋아하고 어떤 일에 열정을 갖고 있는지를 안다는 뜻이다. 이것은 직업, 삶의 단계, 세상의 변화 등 수많은 요인에 따라 달라진다. 따라서 자신의 열정을 아는 것은 평생 도전해야 하는 과제이다. 책임 의식을 가지고 그 과제를 받아들여야 한다.

진정 하고 싶은 일로 이끄는 열정

전직 기업 간부인 74세의 존은 앞으로 할 일을 찾고 있었다. 그

제3장 리더가 거쳐야 할 필수 과정

는 농담조로 자신이 '은퇴를 포기했다'고 말했다. 사업체를 매각한 그는 일상의 책임에서 벗어나자 처음에는 행복하기만 했다. 몇 달간은 아내, 가족과 온종일 시간을 보냈다. 건강 상태도 좋아서 시간이 갈수록 앞으로 몇 년은 더 생산적으로 일할 수 있겠다는 생각이 들었다. 세상일에 조금 더 관여하고 싶었다. 방관자가 아니라 사회에 쓸모 있는 사람이 되고 싶었다. 그는 인생의 새로운 장을 어떻게 열면 좋을지 조언을 구하기 위해 나를 찾아왔다.

나는 그에게 물었다. "어떤 일을 좋아합니까?"

몇 분간의 침묵이 흐른 후 존은 이렇게 대답했다. "조금 창피하지만 그걸 정확히 모르겠어요. 물론 간부로 일하는 게 좋긴 했지만 내가 직장에서 좋아하는 일이 뭔지 생각해본 지 오래됐어요."

그렇게 특별한 일도, 놀랄 일도 아니었다. 나는 그에게 한번 되새겨보라고 했다. "존, 당신이 최고의 역량을 발휘했을 때를 생각해보세요. 그때 무엇을 하고 있었죠? 어떤 업무였어요? 어떤 점이 좋았고 어째서 그렇게 좋은 성과를 거둘 수 있었죠?"

아이러니하게도, 더 생각해본 후에 그가 언급한 것은 비즈니스 경력과 관련 없는 일이었다. 그는 주말 동안 저소득층을 위해 무료로 집을 지어주는 비영리 단체 해비타트(Habitat for Humanity)에서 자원봉사 한 것을 이야기했다. 회사 주도로 참여한 자원봉사였는데 그 일을 하는 동안 정말로 행복했다는 것이다. 이유가 무엇인지 물어보았다. 그는 동지애, 손으로 만질 수 있는 결과물, 난민 가족을 돕는 것이 좋았다고 말했다. 그 경험은 그에게 활력을 주고 최고 역량을 발휘하게 해주었다.

그 프로젝트의 정확히 어떤 면이 보람을 느끼게 해주었느냐고 물었다. 그는 자신의 조직 기술과 리더십 경험을 이용해 사람들이 화합해 하나의 팀으로 일할 수 있게 만든 것이라고 말했다. 그때 그는 사람들에게 건설 기술을 배우는 방법과 중요한 작업을 파악하고, 그 작업을 조정하며, 협력해서 일하는 방법을 가르쳤다.

"좋습니다. 이 경험을 통해 볼 때 당신이 어떤 일을 좋아한다고 생각합니까?"

존은 몇 주 동안 자신의 상황에 대해 생각했다. 지역 사회에서 자신의 경영 능력과 코칭 경험을 활용할 수 있는 프로젝트를 찾아보기 시작했다. 비영리 부문에서 두 가지 기회를 찾을 수 있었다. 그는 두 곳의 이사회에 들어갔고 한 곳에서는 의장이 되었다. 두 이사회에서 CEO 코칭에 적극적으로 관여했다. 몇 달 후 그가 "정말 신나게 살고 있습니다!"라고 다시 소식을 전해왔다. 그는 인생의 다음 단계로 나아가는 방법을 찾았다. 그다음 단계는

제3장 리더가 거쳐야 할 필수 과정

처음에 기대했던 것과 다를 수도 있지만 그가 열정을 갖고 있는 일로, 그에게 세상과 이어져 살아있다는 느낌과 활력을 느끼도록 해주고 자기 효능감을 확인하게 해주었다.

열정을 찾는 것은 인생의 모든 단계에서 매우 중요한 의미를 갖는다. 경력을 처음 쌓을 때부터 시작해 쌓는 내내 그리고 직장 생활이 끝난 이후에도 마찬가지다. 자신의 열정과 관심사를 파악하려는 열린 태도는 예상하지 못한 놀라운 곳으로 당신을 데려갈지도 모른다. 나도 하버드 교수가 될 것이라고는 전혀 상상하지 못했다. 그것은 내 가능성의 목록에조차 없었다. 하지만 나 자신을 이해하려고 노력한 결과 나에게 환상적으로 잘 맞는 일이라는 것을 깨달았다. 적어도 지금은 그렇다.

열정과 관련 있는 중요한 사실이 또 있다. 세상은 변화하고 우리도 변한다. 당신의 열정도 그에 따라 변화할 것이다. 그러니 주의를 기울여 살펴야 한다.

우리가 살아가는 내내 다른 사람들에게 계속 새로운 가치를 더해줄 수 있다. 자신의 열정을 이해하려고 노력하라. 그것이 당신을 빛나게 해줄 것이다. 또한 직장 업무를 어떻게 구성하고 어떤 일을 위임할지는 물론이고, 인생의 모든 단계에서 꿈의 직업을 찾을 때 훌륭한 기준이 되어줄 것이다.

당신의 이야기

리더십 스타일과 당신이 취하는 행동은 당신이 살아온 인생 이야기에 의해 결정된다. 지금의 당신을 만든, 지금까지 살면서 경험한 일들 말이다. 사실 인생 이야기는 보기보다 훨씬 더 복잡하다. 사람들은 대부분 기본적 사실, 성공 이야기, 실패 서사라는 세 가지 이야기를 가지고 있다.

이야기의 기본적 사실들은 인생에서 일어난 주요 사건들의 연대기로 매우 명확하다. 인생의 사실들을 확실하게 파악하고 있다고 생각하겠지만 반드시 시간을 내서 그것을 적어보기 바란다. 삶의 연대기를 적는 이 간단한 행동을 통해 과거를 되돌아볼 수 있다. 잊은 지 오래인 것 같지만 마음속 깊은 곳에 남아있는 일들 말이다. 그런 것들이 수면으로 드러나면 어떤 것을 이해할 수 있게 되거나 지금까지 알아차리지 못했던 행동 패턴을 찾을 수도 있다.

성공 이야기는 기본적 사실에 긍정적인 각색을 더한 것이다. 사람들은 대부분 성공 이야기를 들려주는 연습을 많이 하는 까닭에 내가 굳이 유도하지 않아도 자연스럽게 이야기를 꺼낸다. 굉장히 능숙하게 말이다. 성공 이야기는 삶의 사실들을 장애물을 극복하고 좌절한 후 다시 일어서는 고무적인 이야기로 바꿔놓는다. 이런 이야기에는 여러 반전과 우여곡절이 있을 수도 있지만 핵심은 항상 똑같다. 당신이 이야기의 주인공이라는 것이다. 심지어 자신의 성공을 깎아내리고 슬럼프와 실패에 대해 허심탄회하게 말하려고 할 때도 마지막에 실패를 통해 성장하고 더 높이 올라가 결국 긍정적인 결과를 거둘 수 있었다는 말을 덧붙이는 경우가 많다.

성공 이야기의 문제점은 당신이 다른 사람들에게 들려주는 이야기일 뿐, 자기 자신에게 하는 이야기는 아닐 때가 많다는 것이다. 당신은 열정적으로 자주 이 이야기를 사람들에게 들려주면서도 정작 자신은 그 내용을 전부 다 믿지 않을 수도 있다. 이는 우리가 '자기 의심' 서사라고도 불리는 '실패 서사'를 일컫도록 만든다.

실패 서사는 인생의 기본적 사실을 불확실함, 불안감, 자기 의심의 이야기로 각색한 것이다. 대개 혼자만 마음에 간직하며 다른 사람들에게 말하는 경우는 거의 없다. 이야기의 내용은 불안감, 자신에 대한 부정적인 생각, 자신의 능력에 대한 의심, 타인을 믿는 것에 대한 불안한 예감이다. 이는 당신이 아예 하지 않거나 자주 입 밖으로 꺼내지는 않지만 그래도 여전히 머릿속에서 떠도는 것들이다. 이성을 잃었을 때나 자신의 생각을 솔직하게 말하지 못했을 때 정치적 행동을 하거나 소신이 없을 때 떠오르는 이야기일 수 있다. 이러한 이야기의 토대가 되는 것은 일반적으로 엇갈리는 교훈을 남긴 혹독한 사건이다. 부모와의 힘든 관계, 직장 해고, 믿었던 사람의 배신, 사랑하는 사람과의 이별, 승진 탈락 등.

성공한 이야기를 적어보는 것은 큰 의미가 없지만 실패 서사는 반드시 적어봐야 한다. 물론 남에게 보여줄 것은 아니지만 말이다.

왜 굳이 고통스러운 일을 해야 하느냐고? 실패한 과거를 짚어보는 이유는 괴로움을 느끼기 위해서도, 털어버리기 위해서도 아니다. 그렇게 할 수도 없을 것이다. 이 연습법의 목적은 그 이야기가 당신의 행동에 어떤 영향을 미쳤는지 알아보기 위해서이다. 그 경험이 유능한 리더가 되는 데 방해가 되는 것은 아닐까?

당신은 그 답을 알고 있는가?

나는 부족한 사람이라는 생각

앤은 성공한 거대 IT 기업의 능력 있는 부사장이었다. 그녀는 중서부의 고등학교를 수석으로 졸업하면서 졸업생 대표로 연설을 했고 대학교 역시 수석으로 졸업했다. 살면서 시도한 거의 모든 일에서 성공을 거두었다. 고등학교 때는 뛰어난 수영 선수이자 훌륭한 피아니스트이기도 했다. 대학 졸업과 동시에 수많은 회사에서 일자리를 제안받았고 현재의 회사를 선택했다.

그녀의 대학교 은사가 그녀에게 조언을 좀 해달라고 내게 부탁했다. 그녀가 현재 회사를 그만둘 것인지 고민하고 있는데 합리적인 근거를 바탕으로 결정을 내리지 못할까 봐 걱정된다는 것이었다.

내 사무실로 찾아온 앤이 상황을 설명했다. "지금 회사가 마음에 들지 않아서 이직을 생각하고 있어요."

내가 물었다. "왜 그렇게 생각하죠?"

"좋은 승진 기회가 없는 것 같고 이 회사에서의 내 미래에 대해서도 확신이 서지 않아서요."

나는 그녀에게 회사에서 보낸 5년이라는 시간에 대해 설명해달라고 부탁했다. 그녀가 들려준 이야기에는 정기적 승진, 인사고과 최상위 등급, 최상위 성과급 같은 단어들이 등장했다. 한마디로 그녀는 이 회사에서 아주 많이 잘하고 있고 장래도 밝은 것처럼 보였다. 그런데 왜 그녀는 이직하려는 것일까? 앤은 이유를 제대로 설명하지 못했다. 그저 본능적으로 상황이 별로 좋지 못하다고 느낄 뿐이었다.

나는 접근법을 바꿔 그녀에게 인생 이야기를 들려달라고 부탁했다. 이야기를 다 듣고 실패 서사의 개념을 설명한 뒤 실패 서사에 대해 생각해보라고 했다. "가장 큰 자기 의심은 무엇입니까? 그런 의심이 드는 이유를 알고 있나요? 그것은 당신이 살아오면서 경험한 일들과 어떤 관계가 있습니까?"

앤은 이 질문에 대해 몇 분 동안 생각했다. 그러고 나서 항상 자신의 지성과 판단력을 의심했다고 말했다. 부모님의 기대치가 무척 높고 항상 더 잘할 것을 요구했다는 것이었다. 어렸을 때 다 같이 식사하는 자리에서 부모가 실망할까 봐 나쁜 소식을 전하기가 두려웠던 기억도 있었다. 그녀의 부모님은 아직 살아있었고 부모와의 관계가 좋은 쪽으로 변하기는 했지만 자신이 부족한 사람이라는 느낌은 여전했다.

이번에는 그녀에게 이렇게 물었다. "이직하고 싶은 이유가 정말로 직장의 상황 때문인가요, 아니면 직급이 올라갈수록 불안감이 커지고 실패할까 봐 두렵기 때문인가요?"

앤은 확신하지 못했다. 그런 이유일 수도 있다는 사실에 안도하는 듯 보였고 좀 더 생각해보겠다고 했다.

6개월 후에 연락이 왔다. 그녀는 실패 서사를 적어보고 곰곰이 생각해보는 시간을 가졌다고 했다. 그 이야기를 친한 친구들에게도 하고 정신 건강 전문가와 상담하기도 했다. 부모님과 이야기를 나눠보기까지 했다. 부모님은 좋은 의도로 부담감을 준 것이 딸에게 의도치 않게 아직도 영향을 끼치고 있다는 사실에 깜짝 놀랐다.

이 경험은 앤에게 카타르시스를 느끼게 해주는 동시에 해결하기 어려운 큰 문제를 안겨주었다. 하지만 회사와 그곳에서의 미래를 새로운 시각으로 바라보게 되었다. 자신이 느끼는 감정이 회사와는 아무런 관련이 없고 자신의 과거 때문이라는 사실을 깨달았다. 결국 그녀는 이직하지 않고 계속 그 회사에서 경력을 쌓아나가기로 했다. 그녀는 좋지 않은 상황이 외부에서 일어난 일 때문이 아니라 자신의 감정에서 비롯된다는 사실을 이제 제대로 인지하게 되었다고 말했다.

살다 보면 정말로 자신의 능력이 부족한 것이 문제가 되는 상황도 생긴다. 하지만 다 거쳐야 할 과정이라고 할 수 있다. 나도 여러 번 실패했고 부족함을 느낀 적도 많았다. 기분 좋은 일은 아니지만 실패 서사로 돌아가도록 만드는 방아쇠 역할의 사건을 인식하는 방법을 배우고 있다. 더 나은 리더가 되기 위해 노력하는 과정에서 실패 서사가 추악한 얼굴을 드러낼 때 알아차린 덕분에 계속 균형을 잡을 수 있었고, 힘든 상황에 놓여도 과민 반응하지 않을 수 있었다.

가치와 한계

사람은 저마다 자신만의 가치관을 따른다. 노력, 믿음, 가족에 대한 사랑, 불우한 사람을 도와주고 좋은 사람이 되는 것 등이 거기 포함된다.

가치는 우리가 지키자고 스스로 약속한 윤리적 제약인 '한계'와도 밀접한 관련이 있다. 여기에는 거짓말하지 않기, 불륜이나 도둑질, 살인하지 않기 등이 있다.

그런데 이것이 리더십과 무슨 상관이 있을까? 책임 의식을 갖기 위해서는 서로 경쟁하는 수많은 고려사항과 관련 대상들을 따져봐야 한다. 예를 들어, 리더는 법적, 윤리적, 경제적 요인의 균형을 맞춰야 한다. 주주, 고객, 직원, 공동체 등의 이익을 고려해야 한다. 핵심 고려사항의 무게를 재고, 다양한 대상을 고려하는 과정에서 갈등이 생기지 않을 수 없다. 우리는 모두를 만족시킬 수 없다. 다양한 집단의 니즈를 충족해야 할 때 얻는 것이 있으면 잃는 것이 있을 수밖에 없으니 트레이드오프를 해야 한다. 수많은 장단점을 살피고 어떻게 할지 결정해야 한다.

우리가 내린 이 결정은 우리가 누구이고 어떤 믿음을 가지고

제3장 리더가 거쳐야 할 필수 과정

있는지를 말해준다. 알다시피 이것들은 개인의 가치관과 한계에 큰 영향을 받는다. 가치관과 한계는 얻는 것과 잃는 것을 따져보고 궁극적으로 결정에 이르도록 한다.

경험 많은 리더들은 이런 상황에서 자신이 누구인지 확실히 알고, 자신의 행동이 미치는 영향에 대해 책임 의식을 갖는 것이 도움이 된다는 사실을 잘 안다. 이런 트레이드오프 선택을 할 때는 대개 맹렬한 전투가 벌어지는 상황이어서 여유롭게 가치관과 한계를 탐구할 시간이 없다. 상사, 두려운 고객, 가족, 친구, 그 밖의 외부 요인이 지금 당장 행동하라고 압박하기 때문이다. 따라서 곧바로 결정을 내리게 된다. 하지만 이때 자신이 누구이고 무엇을 믿는지 분명히 알지 못하면 결정을 후회하게 된다.

이러한 현실을 고려할 때, 책임감을 갖고 자신의 가치관과 윤리적 한계를 파악하기 바란다. 그를 위한 가장 좋은 방법은 적어보는 것이다. 처음에는 적기가 힘들 수도 있다. 어느 정도 초안이 완성된 후에는 가족, 친구와 이야기해본다. 친구들, 직원들과 대화할 때도 이 주제를 꺼내 자기 생각을 다듬어나간다. 아마 시간을 투자한 보람을 느낄 것이다. 자신의 가치관과 윤리적 한계를 파악해야 한다는 책임감이 커지고, 같은 문제에 대한 주변 사람들의 책임 의식도 커질 것이다.

거짓말에 대한 생각

친구 짐이 회사의 한 부서를 이끄는 리더가 되었다. 처음 며칠 동안 그는 부서 직원들을 전부 모아 회의를 열었다. 회의에서 한 직원이 그에게 물었다. "거짓말을 해도 괜찮습니까?"

짐은 약간 당황했지만 재빨리 솔직한 생각을 이야기했다. "나는 거짓말을 좋아하지 않습니다. 하지만 고객의 기분을 상하게 할까 봐 사실을 숨겨야 할 때가 있다는 건 이해합니다."

짐은 계속 다른 직원들의 질문도 받았고 회의는 잘 마무리된 듯했다. 이후로 짐은 이 일을 잊어버렸다. 그런데 3개월 후 그는 직원 하나가 자신을 속였다고 화를 내는 고객의 전화를 받았다. 당황한 짐은 고객에게 이렇게 말했다. "제가 자세히 알아보겠습니다. 하지만 장담하건대 저희는 까다로운 윤리 기준을 갖고 있고, 고객을 속이는 행위는 절대로 용납하지 않습니다."

짐은 인사과로 가서 문제의 직원을 불러 이야기를 들어보았다. 직원은 이렇게 자신을 변호했다. "그렇게 하라고 하셨잖아요."

짐은 단호하게 말했다. "나는 고객을 속이거나 오해하게 만들라고 한 적이 절대 없습니다!" 직원은 부서의 모든 직원이 모인 첫 번째 회의에서 짐이 한 말을 그대로 읊으며 자신의 입장을 고수했다.

제3장 리더가 거쳐야 할 필수 과정

짐은 속이 메스꺼웠다. 혹시 그가 직원에게 잘못된 윤리관이나 고객을 대하는 부적절한 행동 기준을 갖도록 만든 것일까? 그는 직원에게 엄중한 경고와 함께 근신 처분을 내렸다. 이 사건을 통해 그는 직원들에게 가치관과 윤리 기준에 대한 이야기를 할 때는 몹시 조심해야 한다는 것을 배웠다. 이런 사안에 관한 답을 미리 대본으로 적어놓지 않으면 자신도 모르게 엄청난 재앙의 발판을 마련할 수도 있다고 생각했다. 그런 일에 대한 책임은 결국 자신이 져야 한다.

윤리적 문제와 가치관에 대한 감수성은 조직의 가장 높은 사람들이 좌우한다. 바로 리더인 당신의 영향을 받는 것이다! 자신의 가치관과 기준에 대해 생각해보고 그를 바탕으로 자신의 견해를 직원들에게 신중하게 전달해야 한다. 거짓말, 다양성, 뇌물, 공정한 대우 등은 리더가 심사숙고해서 확고하고 명확한 기준을 세워야 하는 문제이다.

두 가지 과정이 어떻게 합쳐지는가

●

지금까지 말한 리더의 두 가지 과정은 리더의 능력에 어떻게 영향을 미칠까? 책임 의식을 발휘하는 것과 무슨 관련이 있을까?

책임 의식을 갖기 위해서는 다양한 요인을 고려하고 여러 관련자들을 분석할 필요가 있는데, 이 일을 혼자서 제대로 하기는 매우 어렵다. 이 두 프로세스에 숙달하면 주체적으로 생각하고 행동하는 능력이 크게 향상된다.

리더가 거쳐야 할 첫 번째 과정인 비전과 우선순위, 일치는 연습과 경험으로 대부분 마스터할 수 있다. 하지만 열린 태도로 자기 자신에 대해 계속 알아가는 일은 잘하지 못하는 사람들이 많다. 마음을 열고 자신을 이해하는 습관을 들이려 하지 않는 사람들도 있다.

하지만 이 과정을 마스터하기 위해 근육을 키운 사람조차도 자아가 너무 강해지거나, 이 장에서 설명하는 수많은 단계를 거치느라 지치거나, 중요한 관계가 나빠지거나, 삶의 중요한 부분에 대한 관점이 바뀌는 순간에는 약해지기 마련이다. 결론을 이야기하자면 이 과정에는 끊임없는 노력이 필요하다는 것이다. 자신과 자신이 취한 어떤 행동의 이유를 돌아볼 마음이 생기지 않을 때도 포기해서는 안 된다.

이 두 과정을 동시에 수행하면 처음에는 힘들겠지만 포기하지

제3장 리더가 거쳐야 할 필수 과정

않고 성실하게 해나가면 시간이 지남에 따라 수월해지기 마련이다. 또한 이 과정을 수행하는 데는 다른 사람들의 도움이 필요하다. 친구나 동료의 칭찬, 통찰력 있는 관찰이나 격려의 말이면 충분하다. 친구의 조언이 기분 나쁠 수도 있지만 당신이 꼭 알아야 하는 이야기를 해준다면 그 대화를 통해 절망적이거나 고립적인 상황에서 벗어날 수 있다.

어떤 경우든 인간관계는 필수적이다. 다음 장에서는 다른 사람들과의 관계를 발전시키고 협력하는 문제에 대해 살펴보겠다.

- (자신이 맡은 역할에 따라) 부서나 조직의 비전을 적어본다. 당신이나 조직이 어떤 차별화된 가치를 창출하고자 하는지를 설명해야 한다. 당신이 지금 하는 일을 하지 않으면 세상은 어떤 손해를 보는가?

- 이 비전을 바탕으로 가치 창출에 가장 중요한 우선순위 서너 가지는 무엇인지 생각해본다. 우선순위가 다섯 가지 이상이라면 서너 가지로 줄이기 위해 어떤 트레이드오프 결정을 내려야 하는가?

- 조직이 비전과 우선순위에 따라 움직이는가? '일치'와 '불일치' 두 칸으로 나눠서 적어보자. 이 연습법을 통해 무엇을 배울 수 있는가? 일치 문제를 해결하기 위해 거쳐야 할 단계는 무엇인가?

- 현재 맡은 업무와 관련된 자신의 장단점 리스트를 작성한다. 당신을 정기적으로 관찰하고 장단점과 관련된 피드백을 해줄 수 있는 서너 명의 사람이 주변에 있는가? 그들의 도움으로 이 리스트를 수정한다. 이 연습법에서 무엇을 배웠는가?

- 실패 서사를 써본다. 이 이야기가 당신의 리더십에 어떤 영향을 미치고 있는가? 특히 주체적으로 생각하고 행동하는 책임 의식, 용기 내어 자신의 의견을 말하는 것, 위험 감수가 따르는 행동을 하려는 의지에 어떤 영향을 미치는가? 이 이야기를 글로 쓰면서 가장 예상 밖이었던 점은 무엇인가?

- 앞의 두 항목을 토대로, 좀 더 주체적으로 생각하고 행동할 수 있게 해주는 행동 단계가 있는가? 이를테면 저축하기, 자신이 더 열정적으로 임할 수 있는 직업 찾기, 가족과 친구들의 소중함을 알고 일과 삶의 균형 맞추기 등이 있을 수 있다.

혼자서는 할 수 없다

관계를 구축하고 집단의 힘을 활용하라

고립을 피하고 학습을 계속하며 3장에서 설명한 과정을 수행하려면 다른 사람들의 도움이 필요하다. 한마디로 책임 의식을 토대로 확신과 소신을 갖기 위해서는 다른 사람들의 조언과 피드백뿐만 아니라 그들의 참여가 요구된다.

복잡한 세상에서 혼자서 모든 것을 다 알 수는 없다. 다른 사람들과 떨어져 고립되어 있으면 자신의 사각지대를 알기 어렵다. 우리가 상황을 제대로 파악할 수 있도록 다른 사람들이 전문성과 새로운 관점을 더해줄 수 있다. 그들은 당신이 두려움과 근심을 극복하고, 피할 수 없는 실패에서 회복하도록 도와준다.

사람은 누구나 고유하고 특별하다. 그렇기 때문에 다른 사람들과 교류하고 관계를 구축하면 엄청난 힘을 얻을 수 있다. 통찰을 얻어 자신의 잠재력을 온전히 발휘할 수 있다.

일단 어떤 상황에서 무엇을 해야 하는지 확신이 생긴 상태에서는 다른 사람들이 행동 계획을 세우는 데 도움이 되는 값진 조언을 해주고 당신에게 없는 기술을 보태줄 수 있다. 사람들이 공동의 책임 의식을 느끼면 목표 달성을 위한 계획을 실천에 옮기는 데 중요한 역할을 할 수 있다는 것이다.

관계 구축은 생각을 전달하고 공유하고 설명하는 당신의 능력을 시험할 것이다. 우려를 드러내고, 피드백과 조언을 구하며, 열린 마음으로 귀 기울이고 필요한 경우 유연하게 행동과 관점을 바꿀 수 있게 해준다. 이는 반드시 기르고 연습해야 할 기술이다.

고립의 위험

●

지금까지 살펴본 것처럼 리더가 되기 위해서는 자연스럽게 발생하는 고립의 위험에 대처할 필요가 있다. 간부들은 물론이고 리더를 꿈꾸는 사람들도 어떤 업무를 매우 잘 처리해왔다고 느끼지만 복잡한 비즈니스 사안을 다루거나 자신에 대한 조언이 필요한 매우 중대한 상황에 직면하기 마련이다. 하지만 고민을 털어놓거나 조언해줄 사람을 찾는 것은 쉬운 일이 아니다.

이 장에서는 다른 사람과 함께 일하는 데 필요한 요소들에 대해 알아볼 것이다. 흔히 알려진 것과 달리 사람들과 함께 일할 때 가장 중요한 것은 매력이나 수려한 말솜씨, 호감 가는 성격이 아니다. 물론 이런 것들도 분명 도움되기는 하지만 말이다. 가장 중요한 것은 다른 사람들과 함께 행동하고 상호작용하는 법을 배우는 것이다. 즉 사람들에게 자신의 관심사와 생각을 공유하고, 의심과 불안을 털어놓으며, 질문을 통해 그들을 이해하는 것, 열린 마음으로 듣는 것, 피드백과 조언을 구하는 것 등이다.

다른 사람들과 효율적으로 일하려면 일대일과 그룹 상호작용이 모두 필요하다. 두 가지 방식이 모두 필요한 이유와 이때 필요한 능력을 키우는 방법도 함께 알아보자.

관계의 주요 요소

●

우선 '관계'라는 말부터 정의해보자.

이 말은 무척 자주 쓰이는 단어지만 나는 '리더십'과 마찬가지로 이 단어의 뜻에 대한 사람들의 생각이 서로 다르다는 사실을 발견했다. 우리는 관계라는 단어를 누군가에 대한 애정이나 호감과 결부하는 경향이 있다. 내가 사람들에게 관계에 관해 물어보면 그들은 보통 사랑하는 사람, 친구, 일반적으로 좋아하는 사람에 대해 이야기한다. 문제는 민감한 사안에 관해 이야기 나눌 수 있는 사람이 있느냐고 물으면 대개 사랑하는 가족과 친구들은 자신을 이해하지 못하며 비밀을 지키지 않는다고 말한다는 것이다. 그들은 가까운 사람에게 고민을 털어놓지 못하는 이유를 얘기한다.

애정이나 매력이 반드시 서로에게 이로운 관계로 이어지는 것은 아니다. 그러니 관계를 좀 더 해부학적으로 정의해보자. 관계에는 세 가지 주요 구성 요소가 필요하다.

- 상호 이해
- 상호 신뢰
- 상호 존중

여기에 '애정'은 포함되지 않는다. 우리는 동료, 친구, 상사, 직원 등 주변 사람들의 호감을 사려고 열심히 노력하지만 아이러니하게도 상호 신뢰와 이해, 존중이 지속 가능한 관계의 구축에 훨씬 더 중요하다. 예를 들어, 연말 평가에서 어떤 직원에게 생각지도 못한 나쁜 점수를 주고 지금까지 한 번도 해본 적 없는 부정적인 피드백을 해주었다고 하자. 이 경우 그때까지 애써 쌓아온 애정이나 좋은 감정 따위가 그 사람이 당신에게 느끼는 배신감을 보상해주지 못한다는 사실을 곧바로 깨달을 것이다. 그 사람은 앞으로 당신에게 "주말 잘 보내셨어요?", "가족 모두 안녕하시죠?", "좋은 하루 보내세요!" 같은 말도 하지 않을 것이다. 이 충격적인 경험을 여러 번 하다 보면 '호감을 사는 것' 따위는 상호이해, 신뢰, 존중을 위해 기꺼이 포기할 수 있다.

이 세 가지 기준을 충족하는 관계 목록을 만들어보면 가까운 동료들과의 상호작용이 한두 개는 몰라도 세 가지를 전부 포함하지 않는다는 사실을 알 수 있다. 앞으로 살펴보겠지만 이것은 당신이 반드시 해결해야 할 과제이다. 세 가지 요소가 모두 있어야만 관계가 지속되고 중대한 상황에서 도움을 얻을 수 있다.

관계는 업무의 전략적 사안을 추진하고 그를 위한 프로세스를 밟아나가는 데도 필수이다. 또한 자기 자신을 이해하는 어려운 과정을 거치는 데도 꼭 필요하다. 여기에는 자칫 다른 길로 벗어날 수도 있는 교차로에 섰을 때 다른 사람들에게 도움을 구하는 것도 포함된다.

고민을 털어놓을 곳이 없을 때

●

　프랭크는 마흔 살의 회사 간부로 나는 그를 비영리 단체 이사회에서 만났다. 그는 몸담은 회사의 떠오르는 스타로 장래가 밝기만 한 듯했다. 그가 '밀린' 이야기도 하고 싶고, '나에 대해 더 알고 싶다'면서 내 사무실을 방문했다. 25분간 잡담을 나누고 나니 슬슬 만남을 마무리할 시간이 된 것 같았다. 그래서 나는 그도 같은 생각일 것으로 예상하고 자리에서 일어났다. 그런데 그가 신호를 전혀 알아차리지 못하고 계속 앉아있는 것이었다. 그래서 실례를 무릅쓰고 밀린 일이 많으니 이제 그만 자리를 끝내야 할 것 같다고 말했다.

　그래도 프랭크는 자리에 앉은 채로 말이 없었다. 그제야 나는 그에게 볼일이 따로 있다는 것을 알아차렸다. 정말로 하고 싶은 말을 꺼낼 용기를 내려고 먼저 이런저런 이야기를 한 듯했다. 나는 도로 자리에 앉아 물었다. "프랭크, 왜 그래요? 무슨 일입니까?" 그의 눈가에 눈물이 맺히기 시작했다. 나는 물 한 잔을 가져다주고 무례함을 용서해 달라고, 시간이 많이 걸려도 상관없으니 개의치 말고 천천히 말해보라고 했다.

　"끔찍한 문제가 생겼습니다." 그가 입을 열었다. "저는 회사에서 맡은 일이 제가 가진 능력이나 적성에 잘 맞는다고 생각해요. 우리 회사가 하는 일에 믿음도 있고 상사와 동료들과의 관계도 좋습니다. 그런데 지난 6개월 동안 제가 직장에서 이성을 잃는 일이 생겼고 결혼 생활도 어려움에 빠졌어요. 속에서 분노가 끓어올라 결국 폭발하게 됩니다."

그가 이어서 말했다. "10대 시절부터 분노 조절에 문제가 있었습니다. 그래서 지나치게 감정에 휘둘리거나 통제할 수 없을 정도로 분노가 커지지 않도록 신중해지는 연습을 했습니다. 지난 몇 년 동안 폭발할 것 같을 때마다 이유를 만들어 자리를 피했어요. 다행히 그 방법이 효과가 있었지요. 최근까지는요. 그러다 직장에서 더 높은 자리로 승진을 했습니다. 이제 제가 관리하는 직원이 서른다섯 명이나 됩니다. 그런데 새로운 업무 특성상 답답함과 좌절감을 느낄 때가 많더군요. 그러면 기분이 몹시 나쁩니다. 아직 상사들이 문제를 제기하진 않았지만 한두 가지 사건만 더 터지면 제 분노가 직장에서 아주 큰 문제를 일으킬 것 같습니다. 뭘 어떻게 해야 할지 모르겠어요. 이 일이 제 모든 인간관계에도 영향을 미치고 있습니다."

나는 프랭크에게 이 문제에 대해 누구와 상의했느냐고 물었다. 그는 "아무하고도 하지 않았습니다"라고 대답했다.

제4장 혼자서는 할 수 없다

"상의할 사람이 정말 아무도 없어요?"

그는 주변 사람들을 한 명씩 짚어가면서 상의하지 못하는 이유를 설명해주었다. 예를 들어, 아내는 그의 긴 근무 시간과 그가 집에서 대체로 짜증스러운 태도를 보인다는 것 때문에 화가 나 있었다. 부모님은 요즘 젊은이들은 너무 귀하게 자라서 가진 것에 감사할 줄 모르고 감정을 중요시한다면서 '태평스럽고 한가로운' 고민이라고 생각할 터였다. 친구들은 워낙 각자의 문제로 바쁜 데다 속으로 경쟁심을 느끼니 이런 문제를 털어놓으면 오히려 은근히 기뻐할지도 몰랐다. 형제자매 역시 서로 여러모로 너무 달라서 이해하지 못할 것이 분명했다. 상사에게 말했다간 평판이 나빠질 것이다. 동료들에게 말한다면 약점을 잡히는 꼴이 될 것이다. 이런 이유로 프랭크는 상의할 사람이 아무도 없다고 생각했다.

그는 내가 하버드의 수업 시간에 이런 문제를 다룬다는 사실을 듣고 찾아왔다고 말했다.

그의 이야기가 끝났을 때 나는 정신과 의사나 심리 전문가를 만나볼 생각이 있느냐고 물었다. 그는 깜짝 놀라 이렇게 말했다. "절대로 그런 일은 없을 겁니다! 자기 문제는 자기가 직접 책임지고 해결해야죠. 요즘 심리 치료가 유행이긴 하지만 전 심리 치료는 정신병 환자들이나 받는 것이라고 생각합니다."

나는 웃으며 지금까지 나 또한 심리 치료를 수없이 받았고 앞으로도 그럴 것이라고 말했다. "물론 내가 미쳤다고 생각하는 사람도 있겠죠. 하지만 상황에 따라 심리 치료가 건강에 아주 유익할 수도 있습니다."

프랭크가 재빨리 사과했고 나는 괜찮다고 말했다.

"프랭크, 지금 당신이 말한 문제는 그렇게 드문 일이 아니에요. 분노 문제나 우울증, 불안증 때문에 고생하는 사람은 아주 많아요. 부끄러운 일이 아닙니다. 사람은 누구나 문제가 있으니까요. 하지만 진짜 문제는 문제에 대처하는 방식입니다. 당신은 사람들의 도움을 받으려 하지 않고 자신을 고립시키고 있어요. 우선 정신과 의사의 도움을 받는 것을 생각해보기 바랍니다. 내가 믿을 만한 사람을 추천하겠습니다. 속는 셈 치고 한 번만 만나보세요. 혼자 감당하지 않아도 됩니다. 당신이 문제를 해결할 수 있도록 도와줄 사람들과의 관계를 발전시켜야 합니다. 경력이나 결혼 생활에 진짜 심각한 피해를 입기 전에 지금 만나보세요."

프랭크는 아무런 대답도 없이 내 사무실을 떠났다. 하지만 일주일 후에 정신과 의사를 추천해달라는 전화가 왔다. 그와 다시 연락이 닿은 건 석 달쯤 후였다. 내 사무실을 찾아온 그의 말과 분위기는 전과 매우 달랐다.

"정신과 상담을 받았어요." 그가 말했다. "몇 번 상담한 뒤에 제가 극심한 불안증을 앓고 있다는 사실을 알았어요. 우울증 약을 먹기로 했지요. 지금까지의 제 인생에 관한 이야기도 나눴고요. 사람들과의 관계를 포함해서요. 지금은 일주일에 한 번씩 상담을 받으며 문제를 해결하고 있습니다. 약도 먹고 있고 감정을 통제하기가 훨씬 수월해졌어요. 제가 나쁜 사람인 것이 아니라 단지 해결해야 할 문제가 있을 뿐이라는 걸 알았어요. 처음부터 아내와도 상의했어요. 아내와의 관계도 예전보다 훨씬 좋아졌고 무척 만족스럽습니다."

이 이야기의 요점은 정신과 상담의 장단점을 알아보는 것이 아니다. 기댈 수 있는 관계를 발전시킬 필요가 있다는 것이다. 그래야 고민이 있을 때 털어놓고 대화를 나눌 수 있다. 프랭크는 주변에 사람이 많다고 생각했지만 정말로 심각한 문제가 생겼을 때 사람들에게 다가가는 방법을 알지 못했다. 우연히 내 조언을 듣기는 했지만 그는 앞으로 상호 신뢰와 이해, 존중에 기초한 관계를 발전시키기 위해 노력할 필요가 있었다.

관계를 구축하는 방법

●

주변 사람들과의 관계를 탄탄하게 쌓으려면 다음의 세 가지를 연습해야 한다.

- 자기 개방
- 정보 얻기
- 조언 구하기

이제 하나씩 차례대로 살펴보자.

자기 개방

자기 개방은 누군가가 나를 더 잘 이해할 수 있게 해주는 무언가를 말한다. 예를 들면, 이런 것이다. 나는 왜 잠을 잘 자지 못하는가? 나는 어떤 것에 열정을 갖고 있는가? 내 인생 이야기에서 가장 중요한 요소는 무엇이고, 그 경험이 내 행동에 어떤 영향을 미치는가? 이는 전부 다른 사람에게 공유할 수 있는 정보이다. 다른 사람이 나를 잘 이해할 수 있도록 나를 드러내는 것들이다. 기꺼이 시간을 내어 나에 대해 중요한 이야기를 하는 위험을 감

제4장 혼자서는 할 수 없다

수한다는 점에서 상대에 대한 존경심을 보여주는 일이기도 하다. 마지막으로 이런 행동은 신뢰를 쌓아준다. 정보를 공유함으로써 상대방을 신뢰하고 있다는 것을 보여주면 그 사람도 당신을 믿을 수 있다고 느낀다.

사람들은 특히 직장에서 매우 조심스러워하는 경향이 있다. 다른 사람에게 자신을 드러내거나 자기 생각을 드러내는 것이 바람직하지 않다고 느끼기 때문이다. 직장에서든 사생활에서든 당신이 이런 스타일이라면 아마 다른 사람들도 당신에게 정보를 공개하려 하지 않을 것이다. 이런 악순환이 지속되면 서로를 이해하고 존중하며 신뢰하기가 점점 어려워진다. 문제가 있어도 누군가의 도움이나 조언이 필요한 심각한 상황에 이르러서야 그것이 명백하게 드러날 것이다. 하지만 막상 그런 상황이 닥치면 하루아침에 도움받을 수 있는 관계를 만드는 것은 불가능하다. 평소 관계 구축에 투자를 했어야 한다.

물론 회사에 관계 구축을 촉진하는 문화가 마련되어 있으면 이 모든 일이 훨씬 쉬워진다. 하지만 안타깝게도 보통 조직은 동료들을 믿고 개인적인 이야기를 할 수 없는 분위기다. 한 번이라도 배신행위가 발생하면 관계 구축이 힘들어진다. 간부들은 그런 일이 생기지 않도록 지켜봐야 하며 팀을 꾸리고 조직을 운영하면서 모범을 보여야 한다.

정보 얻기

관계의 두 번째 요소인 정보 얻기는 일반적으로 질문하는 것을 말한다. 여기서는 '정보 얻기'를 상대방을 이해하는 데 도움되는 내용을 물어보는 것으로 정의한다. 언뜻 간단해 보이지만 실질적인 정보를 끌어낼 수 있도록 질문의 틀을 잡지 못하는 사람들이 많다.

자신의 경험을 한번 돌아보자. 다른 사람들과 출장을 간다든지 다른 활동을 함께할 때 그들을 이해하는 데 도움이 되는 질문을 한 경우는 많지 않을 것이다. 그들이 화를 낼 것 같아서, 아니면 당신의 관심이 사생활 침해처럼 보일까 봐 걱정했을 것이다. 그런 직감이 맞을 때도 있지만 아닐 때가 더 많다. 내가 알기로 사람들은 (1) 상대가 묻지 않으면 자신에 대한 정보를 공유하기 꺼리며 (2) 상대가 물어보면 기분 좋아한다.

누군가 나에 대해 질문했을 때를 생각해보라. 그 사람이 당신을 좀 더 이해하려고 한다는 사실이 기분 좋지 않았는가? 관심이나 존중의 표시로 받아들이지 않았는가? 시작이 가장 힘들다. 대부분 새로운 관계에서는 질문하는 법을 배워 관계를 쌓아나갈 준비를 해야 한다.

제4장 혼자서는 할 수 없다

하버드에서는 고급 과정을 듣는 간부들에게 만난 지 몇 년 된 지인 다섯 명을 인터뷰하는 과제를 내준다. 부모, 배우자, 상사 등 주변 사람이라면 누구나 가능하다. 간부들은 보통 이 과제를 무척 두려워한다. 도움을 주기 위해 미리 정해진 질문 목록을 나눠주면서 이런 과제를 시키는 하버드를 원망하라고 말하기도 했지만, 인터뷰를 끝내고 온 간부들은 대부분 이것이 누군가와 나눈 최고의 대화였다고 말한다. 인터뷰 대상자들이 무척 기분 좋아하면서 그 어느 때보다 많은 이야기를 해주더라는 것이다. 또한 그들은 상대방에 대해 잘 안다고 생각했는데 사실은 전혀 알지 못했다는 것도 깨닫는다. 인터뷰 대상자들은 인생에 대한 것, 트라우마, 후회, 열정 등 무척 많은 이야기를 꺼낸다. 그 사람과의 관계가 더 좋은 쪽으로 변화한다. 간부들은 처음에 막연히 두려워했던 것을 떠올리며 웃음을 터뜨리고 이 방법을 진즉 쓰지 않은 것을 아쉬워한다. 그들은 질문에 누군가를 이해하고 관계를 구축하게 해주는 강력한 힘이 있다는 사실을 깨닫는다.

조언 구하기

다른 사람에 대해 알게 해주는 정보 공유와 질문하기를 배웠다면 이제 조언을 구할 수 있는 발판이 마련된 것이다. 조언을 구하는 것은 상대방에 대한 존경심을 보여준다. 사람은 보통 누군가가 자신의 견해나 조언을 구하면 짜증이 나기보다는 우쭐해진다. 나도 누군가 내 의견을 구하면 나 자신이 가치 있고 필요한 존재라고 느껴져서 좋다. 내가 좋아지고 자신감이 커진다.

좋은 조언을 받으면 삶이 크게 바뀔 수 있다. 그리고 좋은 조언을 해주면 상대방과 더 가까워진 느낌이 들고 나 역시 값진 무언가를 배울 수 있다. 하지만 아이러니하게도, 이러한 이점에도 불구하고 조언을 구하지 않는 사람들이 너무 많다. 상대방을 귀찮게 하는 일일까 봐, 더 나쁘게는 약한 사람처럼 보일까 봐 그렇다.

서로를 진심으로 이해하기

●

나는 주로 리더들과 개인적으로 만나지만 가끔 기업의 고위 경영진과 그룹으로 만나기도 한다. 가끔 자기 개방과 정보 얻기, 조언 구하기의 힘을 알려주는 연습을 그룹과 해보기도 한다. 예를 들어, 최근에 훌륭한 서비스 전문 기업의 고위 리더 열다섯 명과 만났다. 나는 그들에게 그룹의 옆 사람과 다음과 같이 해보라고 제안했다.

1 그가 알지 못하는 나에 관한 사실을 적는다. 다 적고 옆 사람에게
  말해준다. 그 사람도 똑같이 한다. 도중에 중단하는 일이 없도록
  한다. 이 작업을 5분 안에 마친다.

2 옆 사람에게 그를 더 잘 이해하기 위해 질문하고 싶은 것을 적는
  다. 질문을 던지고 귀 기울여 듣는다. 옆 사람도 똑같이 한다. 도중
  에 중단하는 일이 없도록 한다. 6분 안에 끝낸다.

3 이제 스스로 깊은 의구심을 느끼는 부분을 적는다. 이 자기 의심
  을 상대방에게 드러내고 어떻게 하면 좋을지 조언을 구한다. 그다
  음에는 역할을 바꿔 상대방도 똑같이 한다. 8분 정도를 할애한다.

4 이 과정에서 무엇을 배웠는가?

　팀원들은 상대방을 10년 이상 알고 지냈지만 이때의 대화가
지금까지 나눈 대화 중 가장 좋았다고 말했다. 시작해서 마치기
까지 20분도 걸리지 않았는데 가장 좋은 대화라니 놀라운 일이
었다. 과연 그 이유가 뭘까? 평소 업무가 너무 바쁘고 골치 아픈
일들이 많다 보니 자신에 대한 정보를 주거나 상대에게 질문하
거나 중요한 문제에 대해 조언을 구할 시간이 없었기 때문이다.

이 리더들은 이제 서로를 더 잘 이해하게 되었고, 더 잘 이해받는 다고 느꼈다. 서로에 대한 신뢰와 존경심도 더 커졌다.

이어진 대화를 통해 이들은 평소 엄청난 이메일과 메모, 사업에 대한 걱정, 바쁜 회사 생활을 하면서 짧은 대화를 나누면서도 관계 구축에 필수적인 일을 전혀 하지 않았다는 사실도 깨달았다. 관계 구축이 되지 않았다는 것은 팀원들의 서로에 대한 이해, 신뢰, 존경심이 시간이 흐르면서 점점 줄어들었다는 뜻이었다. 그래서 상호작용의 효율성도 떨어질 수밖에 없었고 몇몇 리더들은 동료들이나 조직과 멀어진 듯한 기분을 느꼈다. 관계의 부재로 책임 의식 또한 약해졌고 의사 결정의 효율성도 떨어졌다.

그들은 이 간단한 방법을 통해 주체적으로 행동한다는 것은 서로의 관계 구축을 위해 노력한다는 뜻임을 깨달았다. 덕분에 이제 앞으로 상호 이해와 존중, 신뢰에 관심을 기울여 리더십 효율성을 개선할 수 있게 되었다.

피드백 구하기

●

누구나 자신을 지켜보는 사람들의 피드백이 있어야만 자신의 강점과 약점을 더 잘 이해할 수 있다.

이 책에 나오는 다른 개념들처럼 이것 역시 간단해 보인다. 하지만 이 단순한 일을 제대로 하지 못하는 사람들이 많다. 피드백을 구하는 것이 불편하거나 지나치게 힘든 일이라고 생각한다. 보통 주변 사람들은 당신에게 비판이나 건설적인 피드백을 주고 싶어 하지 않는다. 불쾌하게 만들고 싶지 않기 때문이다. 따라서 당신은 자신의 행동을 지켜보는 사람들에게 적극적으로 다가가 피드백을 구해야만 한다. 그들은 매우 유용한 정보를 가지고 있지만 당신이 먼저 부탁해야만 그것을 얻을 수 있다.

보통 처음 직장 생활을 시작하는 이들은 싫든 좋든 상사에게서 피드백을 받는다. 규모에 상관없이 기업들은 대부분 유망한 직원들을 교육하고 코칭하는 시스템을 갖고 있다. 하지만 내가 젊은 사람들에게 꼭 해주고 싶은 조언은 이 과정에 임할 때 책임 의식을 가지라는 것이다. 스스로 책임감을 갖고 자신의 강점과 약점을 파악해야 한다. 특히 현재 맡은 업무나 가까운 미래에 맡을 업무와 관련해 자신의 강점과 약점을 알아둘 필요가 있다.

그러기 위해서는 자신을 관찰하는 사람들로부터 피드백을 받아야 한다. 이 피드백을 얻기 위해 연말 평가 때까지 기다려서는 안 된다. 대개 연말 평가는 그야말로 '판결'이라서 성과급이나 승진에 긍정적인 영향을 미치는 쪽으로 행동을 바꾸기에는 너무 늦었다. 연말 평가 때 처음으로 건설적인 피드백을 받았다면 당신은 일 년 동안 역량을 제대로 발휘하지 못한 것이다. 성과가 그다지 나쁘지 않더라도 경력에 심각한 해를 입히기도 한다. 나는 지난 몇 년 동안 연말 평가 이전에 미리 주도적으로 피드백을 구했더라면 약점을 보완할 수도 있었을 사람들을 많이 보았다.

그렇다면 왜 사람들은, 특히 미래가 창창한 젊은 사람들이 이를 위해 적극적으로 나서지 않을까? 거기에는 여러 가지 이유가 있다.

- 비판을 받고 싶지 않기 때문이다. 건설적인 피드백이라 해도 기분이 별로 좋지 않을 때가 많다. 사람들은 피드백 받는 것을 주사 맞는 것과 비슷하게 여긴다. 꼭 그래야 하는 상황이 아니면 절대로 미리 주사를 맞지 않는다.

- 피드백을 구하면 상대방이 짜증을 내거나 자신이 약하거나 너무 절박해 보일 거라고 생각한다. 물론 계속해서 며칠에 한 번씩 피드백을 요구한다면 그럴 수도 있다. 하지만 그렇다고 아예 피드백을 구하지 않는 것을 정당화할 수는 없다. 앞에서 말한 것처럼 보통 사람들은 질문을 받으면 좋아한다. 그리고 책임감 있게 자

제4장 혼자서는 할 수 없다

기 계발을 하려는 당신의 모습을 존중해줄 것이다.

● 피드백 받는 것을 선배들의 환심을 사고 그들과 가까워지는 방법이라고 생각하기 때문이다. 물론 이런 사고방식이 잘못된 것은 아니다. 하지만 이 일을 의미 있게 만들어야 한다. 당신의 발전을 위해 상사의 솔직한 견해와 제안을 구해야 한다는 뜻이다.

물론 어떤 사람들은 이런 불편을 겪고 싶지 않다면 직접 창업을 하라고 할 것이다. 자신이 사장이면 편한 대로 할 수 있고 상사의 마음에 들려고 애쓸 필요도 없다고 말이다. 하지만 사업체를 직접 운영하는 사람도 일정 기간이 흐르면 고립감이 느껴지기 시작해서 현실 직시를 위한 피드백이 필요해진다.

고립된 기업가

●

자신의 사업체를 운영하는 사람들은 피드백을 받기가 매우 어렵다고 느낀다. '물어볼 사람이 아무도 없다'는 생각 때문이다. 나를 찾아오는 기업가들은 사업 전략이 난관에 부딪혀 자신의 리더십 스타일을 되짚어봐야만 하는 상황에 놓인 경우가 많다. 고위 리더들에게 피드백을 받고 있냐고 물으면 표현은 조금씩 달라도 대개 이렇게 대답한다. "저는 피드백을 받을 수가 없습니다." "제가 피드백을 구하면 직원들이 겁먹어요." 더 나쁜 것은 "유용한 피드백을 구할 만한 사람이 없어요"라는 대답이다.

이런 사람들에게 나는 이렇게 말한다. "그건 말이 안 됩니다. 그게 사실이라면 지금 당장 새로운 인재를 채용해서 리더들을 업그레이드하세요. 리더들은 유능한데 당신이 문제일 수도 있어요. 당신이 그들을 존중하지 않는 거죠. 그들은 당신에게 아주 훌륭한 피드백을 해줄 수 있지만 당신이 요청하지 않는 이상 절대로 먼저 말하지 않을 겁니다. 상사인 당신이 가진 힘은 당신이 생각하는 것보다 훨씬 큽니다. 상사에게 위험을 무릅쓰고 솔직하게 의견을 말하는 직원은 없어요. 당신이 그들에게 월급을 주는 사람이니까요."

기업가가 적극적으로 직원들에게 조언을 구하면 훌륭한 피드백이 나올 뿐만 아니라 팀원들과의 관계도 극적으로 개선된다. 그리고 팀원들은 아직 해결할 시간이 있을 때 미리 리더에게 문제를 제기한다.

연공서열 딜레마

●

조직 내 서열이 올라갈수록 일반적으로 고립의 위험이 커진다. 사람들이 조직에서 위로 올라가는 과정에서 상사의 피드백을 구하는 것은 매우 자연스러운 일이다. 하지만 어느 순간엔가 나를 관찰하는 상사가 없는 직급에 이른다. 이때 당신을 늘 지켜보는 사람은 밑의 직원들뿐이다. 직원들이 연말에 작성하는 360도 평가도 물론 유용하다. 상사는 이런 정식 평가 이외에 따로 직원들에게 피드백을 요청하는 것이 부적절하고 어색하다고 느낄 것이다. 하지만 이는 반드시 바로잡아야 하는 실수이다.

나는 고위 간부들과 대화할 때 직원들을 코칭하는 사람은 손을 들어보라고 한다. 보통 거의 모든 사람들이 손을 든다. 그다음에는 조직의 누군가에게 코칭 받는 사람이 있으면 손을 들어보라고 한다. 이때는 손드는 사람이 거의 없다.

간부들은 대부분 직원들에게 적극적으로 코칭을 받으려고 하는 것이 적절하지 않다고 생각한다. 하지만 그들의 선배는 그들을 자주 관찰하지 않으므로 유용한 도움을 줄 수 없다. 결과적으로 그들에게는 코치가 없다. 맹목적으로 하늘을 나는 것이나 마찬가지이다. 그 결과 리더들은 사각지대가 생기고 고립 상황이 커지며 변화로 인해 고통받는다. 이 상황을 바로잡지 않으면 앞으로도 계속 그럴 수밖에 없다.

나는 리더들에게 피드백을 요청할 수 있는 직원을 양성하는 법을 배우라고 조언한다. 이를 위해 직원들을 선별해 일대일로 만나 단도직입적으로 "내 성과 개선에 도움될 만한 구체적인 조언을 하나 해줄 수 있겠나?"라고 물으라고 권한다. 이렇게 질문하는 방법도 있다. "내가 아예 하지 말아야 할 일이 뭐라고 생각하나? 더 많이 해야 하는 것은? 적게 해야 하는 것은?"

내 경험상 부직원들은 대부분 이렇게 대답할 것이다. "딱히 없습니다. 다 잘하고 계시는 것 같아요."

그러면 이때 이렇게 말해야 한다. "난 정말 진지하네. 내가 더 잘 또는 다르게 할 수 있는 일을 최소한 한 가지는 알려주게."

이때쯤이면 직원의 이마에 땀방울이 송골송골 맺히기 시작한다. 이것이 교묘한 충성심 테스트의 일종일 수도 있으니 절대로 실수가 있어서는 안 된다고 생각할지도 모른다. 이처럼 직원들이 상사가 진심으로 피드백을 원하는 것인지 확신하지 못해 사실대로 말하기를 두려워하는 경우가 많다. 따라서 정말로 진심이라는 사실을 믿게 해주어야 한다. 그러면 직원들은 용기를 쥐어짜 어쩔 수 없이 문제가 있는 당신의 행동이 어떤 것인지 말해줄 것이다. 하지만 결국 말하자마자 후회할 가능성이 크다. 비판하는 말로 당신을 불쾌하게 만들고 싶지 않기 때문이다. 이미 전 직원 사이에 널리 퍼져 있고 충격적이지만 사실임이 분명해도 그렇다.

직원의 피드백을 듣고 배를 한 대 맞은 것 같은 기분이 들 수도 있다. 그렇더라도 티 내지 않도록 노력해야 한다. 침착한 모습으로 조언에 고마움을 표시하고 면담을 잘 마무리해야 한다.

보통 리더들은 이 면담이 끝나면 가족들에게 전화를 걸 것이다. 직원이 (용감하게) 이런저런 말을 해줬는데 사실이라고 생각하느냐고 물어볼 것이다. 일반적으로 수화기 너머에서 잠깐 침묵이 흐르고 이런 답이 나올 것이다. "응. 맞는 말인 것 같은데."

처음엔 기분이 좋지 않다! 하지만 바로잡아야 하는 문제가 분명하다는 사실을 알게 되었으므로 정말로 행동을 취할 가능성이 커진다.

결과적으로, 좋은 일들이 많이 일어날 것이다. 문제를 해결하고 업무 성과가 개선된다. 비판을 해준 직원은 당신의 부탁으로 조언을 해주었더니 정말로 주의 깊게 듣고 잘못을 바로잡았다고 사람들에게 소문을 낼 것이다. 결과적으로 직원들이 피드백을 주는 것을 두려워하지 않게 만들 수 있다.

무엇보다 당신은 고립 상태에서 벗어날 수 있다. 문제가 생기려 할 때 경고해줄 수 있는 직원 그룹을 갖춰놓았기 때문이다. 나 역시 이런 팀의 경고 덕분에 작은 문제가 큰 문제로 번지지 않도록 할 수 있었다.

직책에 따르는 공식적인 권한에만 의존하면 그룹을 효과적으로 이끌 수 없다. 사람들에게 힘을 실어주고 그들의 통찰력을 활용해야 한다. 직원들이 비즈니스와 리더의 성공에 책임 의식을 갖도록 해야 한다. 이는 리더가 조언을 구할 때만 가능하다. 그렇게 하면 리더의 자기 인식이 커지고 팀원들 역시 피드백을 제공할 수 있으며, 책임 의식을 키워줄 수 있다. 이 과정은 팀과 조직을 크게 강화한다.

그룹의 힘

●

내가 하버드에서 사람들을 가르치면서 배운 것이 있다면 바로 집단이 가진 힘을 깨달은 것이다. 리더가 직접 내려야 하는 결정이 많긴 하지만 단체는 거의 항상 한 사람보다 더 나은 진단과 해결책을 내놓는다. 그런데 많은 리더들이 마음대로 쓸 수 있는 이 거대한 힘에 대해 잘 알지 못한다. 개개인의 강점과 한계는 알지만 그룹이 함께 일하면 엄청난 시너지 효과가 발생한다는 사실은 보지 못한다.

다양한 사람들로 이루어진 그룹을 구성한 다음 어떤 사안을 토론 주제로 제시하면 이 힘을 사용할 수 있다. 이를 위해서는 심층적인 분석이 가능하도록 그룹 구성원들에게 정보를 충분히 공유하고 그들의 의견을 끌어낼 수 있는 핵심 질문을 만들 필요가 있다. 이 과정에서 당신은 사람들이 서로의 말에 귀를 기울이고 그것을 토대로 자신의 관점을 다듬을 때 어떤 강력한 효과가 나타나는지 확인할 수 있을 것이다.

시도해본 적이 없다면 한번 시도해보기 바란다. 이 과정을 직접 해보면 팀의 효율성은 물론 자신의 문제 해결 능력도 개선되는 것을 느낄 수 있을 것이다.

적합한 사람 모으기

제인은 미국의 중등학교 교사를 교육하는 비영리 단체의 리더였다. 같은 교사들을 가르치는 교사들을 모으고 그들의 교육을 위한 커리큘럼을 만드는 매우 복잡한 일이었다. 게다가 서비스 비용을 청구하는 것도 해결해야 하는 문제였다. 그녀는 지역구와 비용 문제를 협상하는 한편, 효과적이면서도 경제적으로 실행 가능한 프로그램을 만들기 위해 수업 규모 등을 고민했다.

　서비스의 수요 증가로 이 프로그램은 크게 성장했다. 제인은 성장에는 장단점이 있다는 사실을 깨달았다. 좋은 점은 수익이 증가했다는 것이었고 나쁜 점은 늘어난 수요를 맞추려면 수업 공간과 직원들에 대한 상당한 선지급 비용이 필요하다는 것이었다. 제인은 이러한 타이밍의 불일치 문제를 해결할 방법이 있다고 확신했다. 그녀는 해결책을 찾고자 직원들과 이사들을 일대일로 만났다. 내 사무실을 방문한 그녀는 미팅을 엄청나게 많이 하고 있지만 정확히 무엇을 어떻게 해야 할지 알아내지 못했다고 씁쓸하게 말했다. "팀이나 이사회 구성원들에게 문제가 있는지도 모르겠어요." 그녀가 한탄했다. "아무리 미팅을 많이 해도 실행 가능한 해결책과 행동 계획을 제시하는 사람이 한 명도 없거든요."

　제인은 해결책을 제시해줄지 모른다는 희망으로 내 생각을 물었다. 나는 우선 문제에 대해 좀 더 구체적으로 듣고, 질문도 여러 가지 해볼 필요가 있는데, 그런 다음에도 훌륭한 해결책을 줄 수 없을지도 모른다고 사실대로 말했다. "직원들이나 이사회 문제가 아닐 수도 있어요. 당신의 대처 방식이 문제일 수도 있습니다. 이 문제는 당신이 하는 일이나 자금 조달 방식의 모든 측면과 관련이 있기 때문에 상당히 복잡합니다. 그래서 혼자 상황을 분석하고 통찰력 있는 조언을 해줄 수 있을 만큼 모든 걸 다 아는 사람이 한 명도 없을지도 모릅니다. 사람들을 한곳에 모아 똑같은 정보를 제공하고, 그들이 서로의 견해에 귀를 기울이도록 한 다음 그걸 바탕으로 각자의 관점을 가다듬어서 상황을 적절하게 분석해 행동 계획을 내놓게 하는 것이 훨씬 나을 수도 있습니다."

내가 제인에게 해준 구체적인 조언은 사람들을 4시간 동안 한 공간에 머무르게 하라는 것이었다. 그녀는 나에게 회의를 진행해줄 수 있느냐고 부탁했다. 강의하는 것처럼 해달라기에 나는 그러겠다고 했다. 회의의 첫 번째 미션은 그들이 처한 상황을 설명하고 분석하고 서로 질문도 하면서 모두가 문제를 정확하게 이해하는 것이었다. 그다음에는 브레인스토밍으로 다 함께 선택할 수 있는 안들을 생각해보고 각각의 장단점을 파악했다. 잠시 쉬는 시간을 가진 뒤에는 가장 가능성 있는 두 가지 방법에 집중해 행동 계획을 상세하게 짚어보았다. 회의가 끝날 무렵 그룹은 앞으로의 행동 계획에 대한 합의를 끌어낸 듯했다. 몇 가지 세부 사항에 대해 약간의 의견 불일치가 있었지만 계획을 실행하는 과정에서 처리하기로 했다. 구체적으로 말하면, 기존의 자금 조달자 두세 명을 찾아 새로운 투자를 '연결하는' 역할을 맡겨 늘어난 수요를 충족시키기로 했다.

제인은 사람들이 하나의 팀이 되어 합리적으로 분석하고 실행 계획을 내놓은 것이 그저 놀라울 뿐이었다고 말했다. 그녀는 정보 공유, 문제의 틀 만들기, 서로 경청하기, 서로의 관점을 토대로 해결책을 발전시키는 것에 얼마나 큰 힘이 있는지 깨달았다. 이 과정을 통해 업무 품질에 엄청난 변화가 있었다. 이 선례를 바탕으로 제인은 다시 그룹을 모아 또 다른 핵심 사안을 검토하기 시작했다. 훌륭한 조언을 얻었을 뿐만 아니라 직원과 이사회의 일이 모두 훨씬 더 재미있어졌다. 사람들은 더 강한 책임 의식을 갖게 되었고, 배움과 기술 개발 수준도 높아졌으며, 더 나은 의사 결정으로 이어지는 과정에 참여한다는 것 자체를 즐겼다.

다양성의 중요성

●

이 방법의 가장 중요한 요소 중 하나는 그룹 구성원이 다양해야 한다는 것이다. 여기서 말하는 다양성은 가장 넓은 의미에서의 다양성이다. 성별, 인종, 지리적 배경, 문화, 기능적 대표성, 사업 부문 대표성, 서로 다른 관점 등. 집단 역학의 힘을 이해하는 리더는 다양성을 환영하며 그것을 마련하고 지속하기 위해 노력

제4장 혼자서는 할 수 없다

한다. 다양한 전문성과 관점을 대표하는 사람들을 한자리에 모아 더 나은 통찰력과 진단, 해결책, 행동 계획이 나올 수 있도록 한다.

사람들은 다양성을 그저 '보여주기 위한' 방법이라고 비웃기도 한다. 하지만 훌륭한 리더는 이사회 같은 실무 그룹이 토론과 의견 충돌을 거쳐 사각지대를 찾지 못하면 효율성이 크게 떨어진다는 사실을 잘 알고 있다. 물론 리더가 이사회나 선임 리더팀에 자신과 다르거나 아예 반대되는 관점을 가진 사람들을 배치하려면 상당한 자신감이 있어야 한다. 놀라울 것도 없는 사실이지만 어떤 리더들은 자신과 비슷하고 개인적으로 충성을 다하거나 조직이 직면한 주요 사안에 관한 토론에서 자신에게 반박하지 않을 사람을 선호한다. 그러나 훌륭한 리더는 이러한 불안감을 극복하고 다양한 사람들로 이루어진 그룹을 만들어 함께 일할 수 있는 방법을 찾는다. 중요한 정보를 공유하고 문제를 분석하며 토론과 논의를 장려해 더 나은 결정에 이르는 방법도 배운다.

브레인스토밍의 힘

●

브레인스토밍은 이 과정을 구체적으로 변형한 것이다. 브레인스토밍에서는 해결책을 찾으려 하지 않는다. 그 대신 제약이 느슨해진 상태에서 상상력을 발휘해 잠재적으로 유용한 아이디어를 떠올리고자 노력한다. 여기에서 중요한 것은 '잠재적'이라는 단어이다. 별로 좋지 않은 아이디어도 나올 수 있다는 뜻이다. 크게 비판하지 않는 분위기에서 아이디어들이 수면으로 떠오르게 함으로써 궁극적으로 훌륭한 아이디어를 하나 이상 찾는 것이 브레인스토밍의 비결이다.

나 자신을 포함해 분석적인 특징이 강한 사람들은 왜 아이디어 대부분이 효과적이지 않은지에 대해 설명해주는 이유를 찾으려는 나쁜 습관이 있다. 똑똑한 사람이 어떻게 해서든 설득력 있게 구멍을 내는 바람에 훌륭한 아이디어가 못 쓰게 되어버리는 경우가 많다. 항상 훌륭한 아이디어가 될 수도 있는 아이디어에 흠집을 내려는 똑똑한 사람이 있기 마련이다. 브레인스토밍은 우리 뇌의 분석적인 부분이 휴식을 취하고 아이디어가 피어날 기회를 준다.

브레인스토밍은 판단을 보류하고 머릿속으로 자유롭게 창의력과 상상력을 발휘하도록 해준다. 열린 태도로 듣게 해준다. 그룹이 브레인스토밍 연습을 통해 창의성을 발휘하면 개인이라면 상상도 할 수 없었던 혁신적인 아이디어를 내놓을 수 있다.

제4장 혼자서는 할 수 없다

다시 보는 백지 연습법

●

'백지' 연습법도 이 과정의 또 다른 변형이다. 3장에서 일에 관해 이야기할 때 잠깐 언급한 바 있는데 이것은 비전, 우선순위, 일치에 다양한 집단의 힘을 이용하는 좋은 예이다. 피드백을 구하고, 직원들이 책임 의식을 가지고 자신의 견해를 말할 수 있도록 힘을 실어주며, 질문을 만들어 그룹이 힘을 발휘하도록 만들고 브레인스토밍을 활용하고 싶다면 반드시 사용해봐야 하는 연습법이다.

모든 사람에게는 미처 보이지 않는 사각지대가 있다. 영리 및 비영리 조직을 이끄는 사람들은 자신이 줄곧 다져온 방식에 애착을 느끼는 경향이 있다. 하지만 문제는 상황이 변한다는 것이다. 당신이 항상 해왔던 방식을 고집한다면 우선순위를 새로 변경하지 않을 가능성이 크다. 결과적으로 일치 상태가 무너지고 고객들에게 부여하는 가치도 줄어들 것이다.

직원들에게 당신의 방식을 백지상태에서 검토해달라고 부탁하기 바란다. 처음부터 새로 시작하는 상상을 해보는 것이다. 처음부터 시작한다면 과연 지금의 시장에 진출할 것인가, 현재의 직원들을 채용할 것인가, 지금처럼 업무를 배치하고 조직을 구성할 것인가, 기존의 리더십 스타일을 그대로 추구할 것인가? 현재의 상태를 배제하고, 몇 주 동안 이 문제를 살펴보라고 한다.

몇 주 후 직원들의 분석과 권고 내용에는 기막히게 좋은 조언이 포함되어 있을 가능성이 크다. 실제로 내가 내린 최고의 결정 대부분이 이 연습법 덕분에 가능했다. 그 이유는 무엇일까? 사람은 감정에 얽매여 문제를 제대로 바라보지 못해 해결 방법을 찾는 데 실패하곤 한다. 리더의 견해가 무심코 사람들의 입을 막아버릴 수 있다. 사람들은 리더와 일치하지 않는 의견을 내는 것을 망설이기 때문이다. 이 연습법은 리더와 반대되는 의견을 내고, 조직이 마주한 난관을 책임 의식을 갖고 바라보도록 격려한다. 또한 사람들의 힘을 모아주고 그들을 훈련하는 기회가 되며 리더가 사각지대에서 벗어날 수 있도록 해준다.

사람들과 함께 일하는 법 배우기

●

앞에서 리더십은 팀 스포츠라고 말했다. 팀의 성공에서 중요한 것은 팀원들의 책임 의식이다. 책임 의식을 키우고 잠재력을 발휘하려면 관계 구축이 필요하다. 쌍방에 유익한 일대일 관계 구축은 시작에 불과하다. 조언과 피드백을 구하는 것이 중요한 후속 단계다. 그룹의 힘을 이용하려면 이러한 단계가 바탕이 되어야 한다. 이를 위해서는 사람들을 촉진하는 능력과 경청 능력을 키워야 한다. 보다 주도적으로 정보를 공유함으로써 그룹이 리더와 기업이 마주한 문제를 잘 이해할 수 있도록 하는 것도 중요하다.

이 모든 기술에는 배움을 계속하고 고립을 피하게 해준다는 큰 장점이 있다. 당신은 더는 혼자가 아니다. 당신과 조직의 성공에 대한 팀원들의 이해관계가 훨씬 커진다. 사람들의 힘을 활용할 수 있게 된다.

리더는 왜 실패하는가? 가장 흔한 이유는 배움의 의지가 없는 것과 고립이다. 물론 책과 독서를 통해서도 배울 수 있고 그래야만 한다. 하지만 다른 사람들로부터도 배워야 한다. 관계 구축과 팀 촉진 기술은 피드백 구하기, 학습, 개인과 조직의 사각지대를 찾는 능력을 크게 향상해줄 것이다. 그뿐만 아니라 소신과 확신을 행동으로 옮겨 타인에게 가치를 더해주는 리더의 능력도 발달하고, 팀원들에게도 똑같은 행동을 하도록 힘을 실어준다.

이 기술을 연마한다면 당신의 인생과 일에 큰 도움이 될 것이다. 또 다른 일도 일어난다. 이 기술로 세상에도 엄청난 영향을 끼칠 수 있다.

이 기술을 가지고 한 걸음 더 나아가라. 주어진 책임을 넘어 지역 사회에서 대의를 찾고 그 일을 시작하라. 비영리 단체의 이사회나 지역의 학부모 교사 회의(PTA, Parent-Teacher Association)가 좋은 선택이 될 수 있다. 지역 사회와 세상이 마주한 문제들은 수없이 많다. 당신의 재능을 사용하여 영향력을 발휘하라.

이러한 활동은 그 자체로 보람이 있다. 관계 구축과 협업을 연습하는 새로운 기회도 제공한다. 사람들이 함께 일하고 주체적으로 행동하는 것이 얼마나 큰 힘을 갖는지 더 깊이 느낄 수 있도록 해줄 것이다. 이런 경험을 하면 집단의 힘을 활용하는 새로운 기회를 계속 찾게 될 것이다.

제4장 혼자서는 할 수 없다

- 이 장에서 정의하는 것처럼 상호 신뢰와 상호 이해, 상호 존중이 있는 관계를 맺고 있는 사람들의 목록을 작성해본다.

- 그중에서 당신이 자기 개방, 정보 얻기, 조언 구하기를 하는 사람은 누구인가? 목록이 짧다면 이유는 무엇인가?

- 당신이 피드백을 요청하는 직원의 이름을 써보자. 목록이 짧다면 이유는 무엇인가?

- 관계의 숫자와 성격을 개선하기 위해 할 수 있는 조처는 무엇인가?

- 밑의 직원이나 동료가 활약할 기회인데 입을 막아버린 적이 있는가? 지금이라면 그럴 때 어떻게 하겠는가?

- 조직에 고립된 것처럼 보이는 사람이 있는가? 그들은 당신을 포함해 사람들과 어떻게 상호작용하는가? 그들의 어떤 행동이 고립을 초래하는가? 이제 자신에게 묻는다. 나 역시 고립을 초래하는 행동을 하고 있지 않은가?

책임 의식을 갖기 위한 중단 없는 도전

더 나은 리더가 되기 위한 단계 마련과 도구 활용

지금까지 리더십이 목적지가 아니라고 여러 번 강조했다. 리더십은 존재 상태가 아니며, 타고나는 것도 아니다.

리더십은 지위가 아니라 당신이 하는 행동이다. 리더십은 책임 의식을 갖는 것이다. 리더십은 당신이 누구인지가 아니라 어떤 행동을 하는지에 좌우된다. 배우고 또 익혀야 한다. 노력과 끈기가 필요하다. 체중 감량이나 몸을 만드는 것과 비슷하다. 리더십은 절대로 끝나지 않는 작업이다. 변화에 적응하고 그 과정에서 발전하는 평생 노력해야 하는 일이다.

앞 장에서 말했듯이, 유능한 리더가 되는 첫걸음은 올바른 태도와 마음가짐을 갖는 것이다. 특히 리더십은 절대 후천적으로 배울 수 없는 마법과도 같은 것이라는 생각에서 벗어나야 한다.

대신 오늘부터 매일 리더십을 위해 열심히 노력해야만 한다. 리더십을 키우기 위한 여행을 시작하려면 세상과 자신의 삶을 다시 짚어봐야 할 수도 있다.

가장 중요한 것은, 내 삶을 온전히 나의 것으로 받아들이고 적극적으로 책임져야 한다는 마음가짐을 지니는 것이다.

삶에 책임 의식을 가져라

다시 한번 말하지만 내 삶의 책임자는 나 자신이다. 나는 내 행동과 내가 내리는 결정의 주인이기도 하다. 이 사실을 믿는다면 과연 자신이 그 믿음에 따라 행동하고 있는지 살펴보기 바란다. 이는 리더십 능력을 키워주는 단계들을 일관되게 밟아나가야 한다는 뜻이다.

이 과정을 시작하는 가장 좋은 방법은 무엇일까? 지금까지 리더십 능력을 키우기 위해 고안된 여러 단계와 행동을 제시했다. 당장 여러 가지를 함께 시작하기보다는 일단 실천 가능한 몇 가지에 최선을 다하는 것이 더 현실적이다.

이 장에서는 당신이 새롭게 마음을 먹고 행동을 시작하는 데 도움이 되는 행동 메뉴를 설명할 것이다. 읽으면서 그중에서 앞으로 몇 주 동안 열심히 실천에 옮길 행동 다섯 가지를 적어보기 바란다. 이 첫 단계를 실행하고 난 다음에는 좀 더 깊이 들어가 다른 행동을 추가해 레퍼토리를 확장한다.

강점과 단점을 적어라

내 인생의 주인처럼 행동하려면 우선 자신의 강점과 단점을 적을 수 있어야 한다. 이는 당신이 오늘, 내일 그리고 앞으로도 쭉 노력해야 하는 일이다. 왜냐고? 당신도 변하고 세상도 변하고 당신의 직책도 바뀔 것이고 산업과 자신이 속한 부문의 상황도 바뀔 것이기 때문이다. 모든 것이 변하므로 주기적으로 자신의 기술을 재평가해야 한다. 3장에서 살펴본 것처럼 그렇다고 커다란 약점을 전부 어떻게든 극복해야 한다는 뜻은 아니다. 자신의 약점을 인지하고 있어야 한다는 뜻이다. 그러면 약점 개선이 현실적으로 가능하고 실제로 꼭 필요할 때 높은 업무 성과를 내기 위해 노력할 수 있다. 다른 약점들은 좀 더 적극적으로 다른 사람들의 도움을 구해 보완하면 리더십의 효율성을 높일 수 있다.

내가 아는 사람들은 대부분 자신의 강점과 약점을 정확하게 평가하지 못한다. 왜일까? 자신의 강점과 약점을 이해하는 것이 힘든 이유는 평소 나를 주시하는 사람들에게 피드백을 요청해야 하기 때문이다. 사람은 누구나 사각지대가 있어서 자신을 정확하게 평가하기 어렵다. 주변 사람들은 분명하게 보고 있는데 나만 내 행동의 어떤 부분을 모를 때도 있다.

결과적으로 리더가 자신의 강점과 약점을 평가하기 위해서는 자신을 관찰하는 사람들을 훈련해야 한다. 기분이 좋지는 않겠지만 당신이 꼭 알아야 하는 이야기를 해주도록 사람들을 적극적으로 격려해야 한다는 뜻이다. 그러기 위해서는 마음을 강하게 먹어야 한다. 사람들을 설득할 필요도 있을 것이다. 특히 밑의 직원들이라면 당신의 기분을 상하게 하고 싶지 않을 것이다. 적극적으로 요청하지 않는 이상 그들은 당신의 단점을 그냥 묻어두는 쪽을 택할 것이다.

앞 장에서 살펴본 것처럼 사람들과 일대일로 앉아 이렇게 물어야 한다. "내가 개선해야 할 점 한두 가지를 말해줄 수 있나요?" 어조와 태도가 상대에게 정말 도움이 필요하다는 확신을 주어야 한다. 그리고 만약 일리 있는 피드백이라면 반드시 후속 조처를 해야 한다.

그러면 정말로 개선이 이루어질 것이다. 당신에게 피드백을 준 사람은 도움이 되었다는 생각에 기분이 좋을 것이다. 시간이 지나면서 당신은 자신을 주시하는 사람들이 기꺼이 피드백을 제공하도록 훈련하게 될 것이다. 그 결과 고립의 위험에서 벗어나 역량을 제대로 파악할 수 있는 문이 열린다. 그러므로 적극적으로 피드백을 구하는 프로세스를 지금 바로 시작하기 바란다. 평생 도움이 될 것이다.

남의 아닌 나의 꿈을 꿔라

책임을 진다는 것은 남의 꿈이 아닌 나의 꿈을 꾸는 것을 두려워하지 않는다는 뜻이다. 다시 말하지만, 여기서 꿈이란 부모님이나 친구의 꿈이 아니고, 사회적으로 근사하다고 인정받는 꿈도 아니며, 바로 나 자신의 꿈이다. 당신의 꿈은 사회적 기준으로 보면 이상해 보일 수도 있다. 가족이나 친구가 반대할 수도 있다. 하지만 환상적인 결과를 가져올 수도 있다.

꿈을 꾸는 것은 이기적인 탐닉이 아니다. 오히려 좋은 성과를 거두는 데 꼭 필요하다. 앞에서 말했지만 열정은 훌륭한 성과로 이끄는 로켓 연료이다. 업무의 핵심 요소에 대한 열정 없이 꾸준히 좋은 성과를 거두기는 힘들다. 무엇이 내 열정에 불을 붙이는지는 오직 나만이 안다.

수년 동안 꿈과 열정에 대해 생각하지 않은 까닭에 열정이 녹

슨 사람들이 많다. 오랫동안 상상력이나 창의성을 발휘하지 않은 탓이다. 열정을 깨우려면 이 두 가지를 다시 움직여야 한다.

이런 노력의 시작점은 내가 최고였던 때, 빛나던 때를 생각해보는 것이다. 하고 있는 일을 사랑했고 그래서 기분이 좋았던 때 말이다. 그때 무엇을 하고 있었는가? 그 상황의 어떤 요소가 좋은 성과를 거두도록 만들었는가? 어떤 부분이 좋았는가? 그 경험에 비추어볼 때 나는 무엇을 좋아하는가? 그 과제나 임무, 상황의 어떤 요소가 당신이 최고 역량을 발휘하게 해주었는가?

이 연습을 해보기 바란다. 남이 아닌 나의 꿈을 꾸는 것은 열정을 찾고 탁월한 능력을 발휘하는 데 필수이다. 삶에 책임 의식을 가지는 것이기도 하다. 자신만의 꿈을 꾸는 것을 두려워하지 마라.

사회 통념을 살펴라

꿈을 꿀 때는 사회 통념에 유의해야 한다.

사회 통념은 '모든 사람'이 사실이라고 생각하는 것들로 이루어진다. 리더로서 소신을 얻으려면 사회 통념에 구애받아서는 안 된다. 사회 통념은 종종 잘못되거나 시대에 뒤떨어진 '지혜'이며 당신의 상황에 대한 구체적인 사항을 고려하지 않는다.

내가 대학을 졸업했을 때만 해도 모든 사람이 진실이라고 '알고 있는' 미래에 관한 사실이 여럿 있었다. 성공하고 싶으면 반드시 명심해야 하는, 보편적으로 보이는 그 사실들에는 이를테면 이런 것들이 있었다.

- 앞으로 일본이 세계를 지배할 것이다. 제2차 세계 대전 이후 산업 강국이 되어 제조와 경영 부문에서 이미 미국을 추월한 일본이 계속 비즈니스에서 지배적인 위치를 차지할 것이다. 따라서 사업가로 성공하려면 일본의 비즈니스 관행을 배워야 한다. 일본어를 배우면 더 좋다.

- 백과사전은 세상에서 가장 가치 있는 저장소이다. 시대에 뒤처지지 않고 최신 지식을 계속 얻으려면 백과사전을 잘 간직하고 새로운 판본을 구입할 목돈을 미리 준비해야 한다.

- 모든 주요 도시에는 적어도 일간 신문과 조간신문이 하나씩 있고 그것은 (TV와 라디오와 더불어) 최신 기사를 접하는 가장 대표적인 방법이다. 이 비즈니스 모델은 미래에도 계속 유지될 것이다.

- 높은 인플레이션은 미국에서 영구적인 기정사실이다. 금리가 영원히 10퍼센트를 훨씬 넘으리라고 예상된다. 10퍼센트 이하의

제5장 책임 의식을 갖기 위한 중단 없는 도전

금리로 주택 담보 대출을 받아 내 집을 마련하는 것은 상상할 수 없는 일이다.

● 의사는 확실한 성공을 보장하는 직업이다. 의학 부문은 높은 수익과 지위가 보장되는 직업이고 앞으로도 언제까지나 그럴 것이다.

물론 그밖에도 수없이 많았다. 여기서 핵심은 세상은 예측하기가 어렵고 심지어 불가능한 방향으로 변한다는 것이다. 모두가 아는 사실이라고 언제까지나 계속 사실은 아니며, 개인의 상황에 비추어보아 사실이 아닐 수도 있다.

당신의 기술, 열정, 가치관, 인생 이야기는 고유하다. 하지만 사회 통념은 마치 모든 사람이 전부 똑같은 것처럼 개괄적으로 적용되는 경향이 있다. 따라서 자신의 특징과 본질에 맞게 스스로 생각하고 분석해야 한다. 다른 사람의 의견을 구하되 스스로 생각할 줄 알아야 한다. 내가 캔자스에서 보낸 어린 시절 자주 들었던 말이 이를 잘 설명해준다. "꼬리를 다리라고 하면 소는 다리가 몇 개인가?" 정답은 4개이다. 꼬리를 다리라고 한다고 정말로 꼬리가 다리가 되는 것은 아니기 때문이다. 모두가 사실이라고 생각하는 사실에 반박하는 것을 두려워하지 마라. 다른 사람에게는 사실인 것이 나에게는 그렇지 않을 수도 있다.

믿음의 도약
●

정의가 결국 승리할 것이라고 가정해보자. 누구나 살면서 부당한 대우를 받아본 적이 있을 것이다. 당신은 어떤 경험이 있는가? 확신했던 승진에서 떨어졌거나 마땅히 받아야 할 성과급을 받지 못했을 수 있다. 누군가에게 억울하게 비난받았을지도 모른다.

그 경험을 통해 어떤 교훈을 얻었는가? 믿을 사람 하나 없으므로 역시 나는 내가 책임져야 한다는 사실을 배웠을지도 모른다. 다른 사람에게 고민을 털어놓거나 도움을 구하는 것이 위험하다는 사실을 알게 되었을 수도 있다. 결과적으로 조언을 구하거나 해주거나 다른 사람에게 권한을 내어주기를 꺼리게 되었을지도 모른다. 어떤 경험을 했든 다음과 같은 질문을 던져야 한다. 그때 깨우친 교훈이 리더로서 이 책에 나온 처방을 따르는 데 어떤 도움을 주거나 해를 끼치는가?

사실은 어느 시점에서든 정의가 승리하지 못할 수도 있다. 하지만 장기적으로 보면 보통은 정의가 이긴다. 당신은 좌절하거나

제5장 책임 의식을 갖기 위한 중단 없는 도전

부당한 경험 때문에 최고의 역량을 발휘하지 못하고 있는가? 그렇다면 지금 당신은 타고난 능력을 발휘하지 못하고 있는 것이다. 특히 소신에 따라 행동하고 다른 사람들에게 가치를 부여하는 능력이 약화되고 있는 것일 수 있다.

믿음의 도약을 위해 노력하라. 정의가 항상 이길 것이라고 생각하라. 그런 사고방식이 리더처럼 행동하고 책임 의식을 키우는데 어떤 도움이 되는지 지켜보기 바란다.

다른 사람에 대한 가치 부여에 집중하라

●

이로써 이 책의 또 다른 핵심 주제로 돌아왔다. 리더십이 다른 사람에게 가치를 더하는 일이라는 사실 말이다. 여기에는 자신의 행동이 고객, 주주, 직원, 지역 사회, 환경 등에 끼치는 영향을 책임지는 것도 포함된다.

'가치'는 고객의 니즈를 충족하는 상품이나 서비스를 판매하는 것을 의미할 수 있다. 지역 사회에 도움되는 기능을 수행한다는 뜻일 수도 있다. 누군가가 신체적으로나 정서적으로나 다치거나 일종의 손해를 입지 않도록 지켜준다는 뜻이기도 하다.

돈이나 다른 긍정적인 결과는 그 자체가 목적이어서는 안 된다. 그것들은 오랜 시간에 걸쳐 가치를 부여한 결과 생긴다. 비록 당신의 가장 큰 욕망이 돈이나 지위, 권력 같은 외적인 동기부여 요인이라고 할지라도 그런 결과를 달성하는 가장 좋은 방법은 지속적인 가치 부여에 초점을 맞추는 것이다.

물론 이 접근법도 믿음의 도약을 필요로 한다. 훌륭한 비즈니스 리더는 경력의 어느 시점에서 조직의 성공을 위해서는 차별화된 가치 부여에 집중해야 한다는 사실을 깨닫는다. 하지만 풍부한 경험을 가지고 있는 많은 리더들이 이런 사고방식을 아예 알지 못하거나 회의적인 태도를 취한다. 그들은 개인적으로 겪은 일 때문에 이 주장의 전제를 의심하기 시작한다. 어떤 기업이 막대한 수익을 올리는 것을 보면 의심이 더 커져서 묻는다. "그 리더와 그 기업은 어떻게 다른 사람에게 가치를 더해주는 거지?"

만약 그들이 좀 더 자세히, 더 오랜 시간에 걸쳐서 살펴본다면 리더나 조직이 사람들에게 가치를 더하지 못하면 성공이 오래가지 못한다는 사실을 깨달을 것이다.

단기가 아닌 장기 수익성

첸 리는 아시아에서 중소 유통업체를 운영했다. 음료 제조업체의 유통업체로 시작해 몇 년 동안 소매 식료품점과 소매 식품점 등을 통해 판매되는 식품을 추가해 제품 라인을 확장했다. 하지만 회사가 커지고 기술이 발전하면서 첸 리는 수익률이 오히려 줄고 있다는 사실을 깨달았다. 그녀는 비용 절감, 기술 도입을 통한 운영 효율성 확대, 수익성 낮은 제품 라인 잘라내기 등의 조치를 했다. 하지만 수익률은 계속 떨어졌다. 아시아 지역에서 만났을 때 그녀는 비용 절감의 중요성에 관해 이야기했다. "중요한 건 우리의 목적이에요. 제 꿈은 큰 유통망을 구축하고 수익률 신기록을 세우는 겁니다."

내가 비즈니스에 대한 비전을 묻자 그녀가 대답했다. "저는 아시아에서 이 부문 가운데 가장 높은 수익을 올리는 유통업체로 회사를 키우고 싶습니다." 나는 그것이 회사의 가치 부여를 위한 비전이 아니라 그녀 개인의 비전이라는 사실을 지적했다. 그녀가 어떤 차별화된 방법으로 가치를 부여하고 있는지 물었다. 하지만 그녀는 조금 전의 수익성에 관한 말을 반복할 뿐이었다.

사업에 대해 논의하면서 나는 제조업체와 소매업체들이 그녀의 회사를 선호하는 이유를 말해달라고 청했다. 그녀는 선택의

폭, 고객 서비스, 배송 속도를 들었다. 최근에 내린 결정들이 그 가치에 어떤 영향을 미쳤는지도 물어보았다. "우리의 가치 제안이 훼손되었지요." 그녀가 솔직하게 인정했다. "하지만 어쩔 수 없어요. 수익을 내야 하니까요."

첸 리는 그런 접근법에 대한 내 생각을 물었다. 나는 모든 게 거꾸로 된 것 같다고 말했다. 가치를 부여하는 것이 시간이 흐르면 결국 매출과 수익 증대를 가져오는 것이라고 말했다. 고객이 기업의 서비스에 돈을 지불할 의향이 없거나 적절한 이익이 발생할 만큼의 돈을 낼 의향이 없다면, 기업의 가치 제안을 다시 생각해본 뒤 고객이 가치 있게 여기고 기꺼이 돈을 내려고 하는 서비스를 제공해야 한다.

나는 그녀에게 고객을 열 명에서 열다섯 명 정도 인터뷰하면서 이 문제를 논의해보라고 권했다. 놀랍게도 그녀는 재빨리 행동으로 옮겼고 충격적인 사실을 발견했다. 고객들은 그녀의 회사가 폭넓은 제품 제안을 해주기를 바랐다. 실제로 고객들은 유통업체의 숫자를 줄이고 더 폭넓은 서비스를 제공하는 업체와 거래하고 있었다. 또한 그녀는 몇 년 동안 자사가 고객을 위해 제공하는 서비스가 점점 줄어들었고, 최근의 비용 절감으로 더욱 악화했다는 사실도 알 수 있었다. 고객들은 폭넓은 제품과 좋은 서비스를 적당한 대가를 지불하고 이용하고 싶다고 말했다. 다시 말하자면 첸 리가 선택한 것과 정반대 방향이었다.

첸 리는 이 두 가지 문제를 해결하기 위해 변화를 추구했다. 그러자 2년 만에 수익률이 올라갔고 매출도 증가했다. 이 혹독한 경험을 한 뒤 그녀는 사업 운영의 방향을 바꾸었다. 특히 가치 부여가 최우선이 되어야 하고 그 결과 수익률의 목표가 달성된다는 사실을 깨달았다.

가치 부여에 초점을 맞추는 것에는 또 다른 큰 이점이 있다. 당신과 직원들이 최고 역량을 발휘할 수 있다는 점이다. 가치 부여라는 목표는 당신의 열정에 불을 붙여 당신을 빛나게 해준다. 돈이나 권력, 지위 같은 눈에 잘 띄는 성공의 증표들도 좋지만 매일의 업무와 목표에 열정을 갖고 임하지 않으면 좀처럼 그것들을 손에 쥘 수 없다.

변화에 대한 열정

포천 500대 기업 CEO를 지낸 68세의 프레드가 나를 찾아왔다. 프레드는 몸도 건강하고 여전히 두뇌도 명석했다. 은퇴를 위해 꾸준히 돈을 저축한 덕분에 재정적으로도 안정되어 있었다. 하지만 그는 깊은 우울감에 빠져 있었다.

"CEO에서 물러난 이후로 침묵이 너무 괴로울 정도입니다. 물론 사람들은 굉장히 친절하고 예의 바릅니다. 내가 후계자로 키운 새 CEO는 아주 가끔만 연락을 해오더군요. 그 친구는 내가 될 수 있으면 회사에 참견하지 않길 바라거든요. 난 자선단체 유나이티드 웨이(United Way)의 지부장으로 일한 적은 있지만 비영리 단체 활동을 그렇게 활발하게 하진 않았어요. 비영리 단체 활동이 내 경력이나 회사에 도움이 될 거라고 생각하지 않았거든요. 영리 기업에서 쌓은 경력이 있으니까 은퇴한 후에도 자연스럽게 다른 회사에서 일할 수 있을 줄 알았어요. 하지만 아니에요. 내가 어떤 능력을 갖고 있고, 어디에 관심이 있으며, 어떻게 하면 남을 도울 수 있을지 전혀 모르겠어요. 어떻게 하면 다시 쓸모 있는 사람이 될 수 있을까요?"

나는 프레드에게 지역이나 세상의 문제 중에서 관심을 갖고 해결하고자 노력해온 것이 어떤 것이냐고 물었다. "생각을 좀 해봐야겠네요. 솔직히 잘 모르겠거든요. 항상 세상의 문제를 어떻게 해결하느냐가 아니라 내 경력에 어떻게 도움이 될 것인가를 기준으로 모든 판단을 해왔으니까요. 부끄럽지만 그건 내 역할이 아니라 정부나 자선단체가 할 일이라고 생각했어요."

나는 프레드에게 개인적인 이익을 떠나 가치를 부여하는 방법을 고민해보라고 말했다. "당신은 세상에 큰 영향을 줄 수 있는 뛰어난 재능을 가지고 있습니다. 하지만 자신이 어떤 열정을 갖고 있고, 무엇을 중요하게 여기는지를 알아야 합니다. 이제 세상의 문제들을 깊이 살펴보셔야 할 것 같아요. 몇 달 동안 다양한 글을 읽고 사람들과 이야기도 나누면서 천천히 생각해보세요. 그 다음에 다시 얘기하죠."

프레드는 3개월 후에 다시 찾아왔다. 우울감은 여전했지만 그는 마침내 몇십 년 동안이나 고립되어 살아왔다는 사실을 깨달았다고 했다. 마치 눈가리개를 한 것처럼 일과 사업 이외에 다른 것은 쳐다보지 않았고 가족에 대해서도 기본적인 문제만 신경 썼을 뿐이었다. 그는 앞으로 남은 삶을 제대로 살려면 안에서 밖으로 시선을 옮겨 다른 사람들에게 가치를 부여하는 방법을 찾아야 한다는 것을 알았다.

시간이 지나면서 그는 여러 분야를 탐구했고, 자신의 열정을 바탕으로 남들에게 가치를 더해주는 꿈을 꾸기 시작했다.

마침내 그는 아이들이 읽고 쓸 수 있도록 교육하는 자원봉사를 하게 되었다. 처음에는 일주일에 하루 점심때 초등학생에게 책을 읽어주었다. 그다음에는 이 자원봉사 프로그램에 돈을 기부했다. 그리고 나서는 이사회에서 일해달라는 부탁을 받았다. 2년 동안 이사로 활동한 후 이사회의 의장이 되었다. 그리고 2년 후 한 잡지가 은퇴한 CEO들의 '제2의 인생'에 대한 기사를 기획했을 때, 거기에는 이사회 의장은 물론 그밖에 두세 개의 활동을 하고 있는 프레드의 '성공담'도 소개되었다.

언젠가 프레드가 나에게 재미있는 말을 했다. "나라는 사람은 CEO로서 한 일로 기억되리라고 생각했습니다. 지금은 내가 비영리 단체에서 한 일로 기억될 가능성이 더 크다는 생각이 드는군요. 인생에 관한 생각이 이렇게 완전히 바뀌다니 참 신기합니다. 꼭 재정상의 지분이 있어야 주체가 아니라는 걸 이제 알게 되었습니다. 내가 하는 일이 가져올 결과에 책임을 지겠다는 마음가짐이 바로 책임 의식이지요. 이제 내가 가치를 더하고 세상을 변화시키는 데 이바지할 수 있는 다양한 분야가 보입니다. 세상 문제에 대해 책임 의식이 생긴 것 같아요. 다시 한 번 미래가 기대되는군요!"

배움에 대한 열린 태도

●

2장에서는 리더들이 리더십을 제대로 발휘하지 못하는 이유에 대해 알아보았다. 그 이유 중 하나는 기꺼이 배우려는 태도를 갖고 있지 않기 때문이다. 또 다른 이유로는 진정한 자신을 보여주거나 자신의 약점을 받아들이지 못하고 질문을 던지지 않기 때문이다.

모두 단순해 보이지만 그리 쉽지 않은 일이다. 왜 사람들은 질문하지 않고, 계속 배우지 않는 것일까? 이를 방해하는 것에는 에고, 불안감, 리더십 정신 모델 등이 있다. 당신은 아는 것과 모르는 것을 솔직하게 인정할 수 있는가?

가장 좋은 테스트 방법은 이런 말을 마음 편히 할 수 있는지 알아보는 것이다.

- 내 생각이 틀렸다.
- 내가 실수했다.
- 생각이 바뀌었다.
- 잘 모르겠다.
- 미안하다.
- 조언을 구하고 싶다.

이 중에서 적어도 가끔은 하는 말이 몇 가지나 되는가? 스스로 확신이 넘쳐서 혹은 자부심이 강해서 자신이 실수했거나 무언가를 모른다거나 생각이 바뀌었다는 사실을 도저히 인정하지 못하는가?

많은 사람이 이런 말을 하면 약해 보여서 남들이 얕볼 것이라고 생각한다. 하지만 사실은 정반대이다. 이런 말은 실수가 더 커지지 않도록 해주고, 주변 사람들의 도움으로 실수에서 빠져나오도록 도와준다.

그리고 이런 말을 하면 직원들이 실수를 인정하고 도움을 요청하며 문제를 정면으로 마주하도록 분위기를 조성할 수 있다. 문제가 제때 제기되어 해결될 가능성도 커진다.

문제가 되는 행동을 그만두기

●

모니카는 훌륭한 자영업자로 패션의 흐름을 파악하는 데 뛰어났다. 그녀는 스스로 성공한 사업가라고 생각했다. 창업을 하고 높은 수익을 내는 가게로 키운 것이 그 증거였다.

동업자와 함께 가게를 시작했는데 동업자가 회계, 재무, 운영 전반을 담당했다. 모니카는 회의에서 동업자가 재무에 관한 이야기를 꺼낼 때마다 약간 주눅이 들었다. 솔직히 동업자가 하는 말을 제대로 이해할 수도 없었다. 하지만 이해하는 척했고 동업자가 조금이라도 더 자세히 이야기하려 하면 발끈하기 일쑤였다. "나도 알아. 설명해줄 필요 없어"라고 말하기도 했다.

그러다 동업자가 가족과 함께 다른 도시로 이사하면서 더이상 동업을 할 수 없게 되었다. 그녀는 외부 회계사도 있으니 혼자서 두 가지 역할을 해낼 수 있다고 믿었고 재무 문제를 위해 도움을 받으려 하지 않았다.

나는 하버드 경영대학원의 오너/사장 경영 과정에서 모니카를 만났다. 그녀는 사업의 상태를 점검하기 위해 내 사무실을 찾아왔다. 그녀는 매출이 크게 떨어져서 비용 절감과 직원 감축을 결정했다고 말했다. 매장 위치가 문제인가 싶어서 유동인구가 더 많고 고객들이 좀 더 편하게 찾을 수 있는 곳으로 매장을 옮길 것을 고민하고 있다고 했다.

나는 그녀가 현재 상황에 대해 내린 진단과 사업 계획을 설명해달라고 부탁했다. 모니카가 분석 결과를 말해줬지만 나는 다 들은 후에도 그녀의 말을 이해할 수 없었다. 그녀는 매장의 재무 상태가 어떤지, 어느 부분에서 수익이 발생하고 적자가 발생하는지, 이 모든 상황을 설명하고 그것을 전략과 연결하려고 무척 애를 썼다.

그녀가 힘들어하는 모습을 보고 이렇게 물었다. "모니카, 재무 관련 문제를 도와주는 사람이 있습니까? 당신은 여러 가지 강점을 갖고 있지만 재무 쪽은 잘 모르는 게 아닌가요?"

하지만 그녀는 단호하게 대답했다. "저는 재무 분야를 잘 알아요. 도움도 충분히 받고 있고요. 제가 상황을 제대로 전달하지 못하는 건 아무래도 교수님께서 소매업을 잘 모르셔서 그런 것 같아요."

"그렇군요." 내가 말했다. 하지만 내가 그녀를 도와주기 위해서는 그녀가 시간을 내어 솔직하게 자신의 강점과 약점을 적어야 한다고 말했다. 약점이 있는 것은 부끄러운 일이 아니라는 말도 덧붙였다. 사람에게는 누구나 약점이 있다. 자신의 약점이 무엇인지 알아내 보완하는 것이야말로 정말 어려운 일이다.

나는 모니카에게 업무와 관련이 있는 사람 네다섯 명을 만나보라고 말했다. 그들이 솔직하게 그녀의 약점을 이야기해도 화를 내서는 안 된다고 주의를 주었다. 그런 반응을 보이면 사람들이 절대로 솔직하게 말하지 않을 테니 이 연습법을 실행하는 목적에 어긋난다고 말이다. 열린 마음으로 임할 것을 당부했다.

몇 주 후 그녀는 내게 전화를 걸어 매출이 여전히 줄어들고 문제 해결 방법도 찾지 못했다고 말했다. 강점과 단점을 적어보았느냐고 물었다. 조급하게 그녀는 적지 않았다고 하면서 이렇게 말했다. "학교도 아니고 이건 사업이잖아요. 사업에 문제가 있으니 거기에 집중해야죠!"

그녀의 마음도 이해가 되었지만 나는 이 방법을 써보기 전까지는 매출 감소 문제를 절대로 바로잡을 수 없을 것이라고 다시 한 번 말했다.

"왜 그러시는지 알아요. 제가 재무 분석에 소질이 없고 도움이 필요하다는 걸 인정하게 하고 싶으신 거겠죠. 솔직히 교수님이 절 그렇게 생각하다니 좀 속상하네요. 전 패션 잡동사니를 파는 노점상이 아니라 사업가라고요!"

석 달 후에 모니카에게 또 전화가 왔다. 이번에는 완전히 다른 이야기가 기다리고 있었다. 그녀는 돌아가는 상황에 화가 머리끝까지 치밀어서 마침내 예전 동업자에게 피드백을 받아보기로 했다. 자세히 말해주지는 않았지만 그녀가 스스로 자신의 재무 능력에 지나치게 방어적이었고, 그래서 상황에 제대로 대처하지 못했으며, 도움이 필요하다는 사실을 인정하는 것이 마음의 안정을 가져올 수 있음을 깨달은 게 분명해 보였다.

모니카는 예전 동업자의 피드백을 바탕으로 분석 능력이 강한 사람을 고용해 일주일에 20시간씩 함께 일하기로 했다. 그녀가 고용한 사람이 사업 성과를 분석해 진단하고 모니카가 여러 선택권을 고려할 수 있도록 도와주었다. 여기까지만 해도 놀라운 발전이었다. 모니카는 제품 일부의 가격 인하로 적자가 발생했고 회전 속도가 빠른 일부 품목들은 재고가 부족하다는 사실을 발견했다. 그녀는 과거에 동업자가 이런 문제를 미리 포착해 굳이 모니카를 귀찮게 하지 않고 직접 해결했다는 사실도 알게 되었다.

그녀는 즉시 주문과 재고 관리 방식에 변화를 주었다. 추가로 매장 직원도 고용했는데 놀랍게도 수익률이 높아지기 시작했다. 그녀는 매장 위치를 옮겨야겠다는 생각을 바꿨다.

가끔 그녀가 사는 도시에 가면 함께 커피를 마신다. 우리는 그때마다 이 이야기를 하며 웃음을 터뜨린다. 서로 자신의 의견만 옳다고 했던 이야기를 하면서 약점이 있어도 인정하고 기꺼이 배우려는 자세를 갖고 있으면 어떤 상황이 닥쳐도 해결해나갈 수 있다고 입을 모은다. 이제는 오히려 내가 그녀를 코치 삼아 내 사각지대를 찾는다. 사각지대를 능숙하게 찾아낼 수 있게 된 그녀는 내가 부족한 부분을 똑바로 볼 수 있도록 도와준다.

책임 의식을 키워주는 도구의 활용
●

더 훌륭한 리더가 되기로 결심한 사람들을 위해 그 목표를 이루는 데 도움이 되는 몇 가지 도구를 소개하고자 한다.

사실을 먼저 살피기

삶이나 업무를 위해 우리가 하는 토론의 쟁점은 의견 차이가 아니다. 그보다는 사실에 대한 각자의 이해 차이 때문이다. 어떤 상황에 처한 각각의 개인은 근본적인 사실들에 관해 서로 다른 가정을 하기 마련이다. 이해의 차이를 바탕으로 저마다 상황을 다르게 분석하고, 선택권에 대한 관점이 서로 일치하지 않으며, 가장 적절한 행동 계획에 관한 생각도 다를 수 있다.

그룹의 구성원들은 기본적인 사실에 대해 서로가 똑같이 이해하고 있다고 잘못 생각할 때가 많다. 이 현상은 TV나 라디오에서 서로 반대 의견을 가진 사람들이 어떤 사안에 대해 논의할 때 가장 극명하게 나타난다. 그들은 각자의 해결책에 동의하지 않는다. 하지만 잘 살펴보면 그들이 더욱 동의하지 못하는 것은 기본적인 사실임을 알 수 있다. 그러니 당연히 그 무엇도 합의하지 못하는 것이다.

도무지 진전이 없는 격렬한 논쟁에 휘말린다면 다음의 실험을 해보기 바란다. 어떤 상황에 대해 짧게 사실만을 명시한 오류 페이지 문서를 만든다. 가능하면 모든 당사자를 인터뷰해 정확성을 높이고 사실에 대한 이해를 공유한다. 논쟁이 있을 수 있는 사실은 사람들이 서로의 해석 범위를 알 수 있도록 문서에 명기한다. 그런 다음 그룹 구성원에게 미리 서류를 읽고 회의에서 그 사안에 대해 토론할 준비를 하라고 한다.

이렇게 하면 분명 곧바로 상황의 사실적인 부분에 대해 합의하고, 그를 바탕으로 상황을 진단하며, 서로 다른 관점을 분명하게 표현할 수 있을 것이다. 그러면 서로의 의견 차이가 나타나는 이유를 좀 더 깊이 파고들 수 있다. 모든 참가자가 사실을 바탕으로 자신의 관점을 설명해야 한다. 이렇게 토론하면 남들에게 여러 가지를 배울 수 있고, 결과적으로 일관성 있는 합의에 도달할 가능성이 크다. 적어도 관점의 범위가 상당히 좁혀지고 앞으로 나아가기 위한 행동 단계를 논의하기 위한 토대가 마련된다.

이 방법을 사용하면 다양한 그룹의 힘을 활용하고, 구성원들에게 리더처럼 생각할 기회를 줄 수 있다. 팀원들이 기술을 개발하는 이 훌륭한 연습법을 사용하면 집단 효율성이 극적으로 개선된다. 이때 기본 사실들과 관련된 오해에 대해서가 아니라 반드

제5장 책임 의식을 갖기 위한 중단 없는 도전

시 사안에 대해 논쟁해야 한다.

'프레이밍 질문'하는 방법 배우기

사람들은 대부분 간단하게 '예, 아니오'를 유도하는 질문을 던질 수 있다. 비교적 범위가 좁은 문제에 대해 유용한 정보를 수면으로 드러내거나, 누군가의 의견을 이끌어내는 질문을 할 줄 아는 사람들도 있다.

그러나 '프레이밍 질문(Framing Question)'은 이와 다르다. 논의가 계속 이어질 수 있도록 질문의 폭이 넓어야 하므로 훨씬 더 많은 생각과 준비가 필요하다. 프레이밍 질문을 통해 상황을 진단할 수 있다. "무엇이 문제인가?" "이것이 위기인가? 만약 그렇다면 그 이유는 무엇인가?" "이 상황에서 핵심 대상은 누구인가?" "산업과 경제 전반에 일어나고 있는 어떤 일이 지금 이 상황을 설명해줄 수 있는가?"

프레이밍 질문은 참가자들에게 어떤 상황을 새롭거나 약간 다른 시각에서 바라보게 해주어야만 그 효과가 커진다. 예를 들어, 어떤 기술 회사의 CEO는 정기적으로 직원들에게 운영 관리를 개선하는 방법을 질문하는 데 자부심을 느끼고 있었다. 그런데 그는 나에게 보통 피상적인 답변과 조언만 돌아올 뿐, 직원들이 질문을 거창한 수사로 해석하는 것 같다고 불평했다. 그러면서 자신이 조언을 구하는 방법에 문제가 있느냐고 물었다. 나는 그룹을 모아 새로운 시각을 제공해주는 세 가지 유형의 프레이밍 질문을 던지고 90분 동안 토론해보라고 제안했다.

- 이 회사에서 일하는 이유는 무엇인가? 이 회사의 어떤 점이 유독 훌륭한가? 이 회사에 대한 당신의 비전은 무엇인가? (30분)
- 이 회사에서 일할 때 싫은 점은 무엇인가? 회사의 일치 상태를 깨뜨리고 당신이 꿈을 이루는 데 방해가 되는 것은 무엇인가? (30분)
- 회사에 이러한 문제들을 처리하고 우리가 회사에 대해 갖고 있는 꿈을 이루는 데 도움이 되는 구체적인 조치를 제안할 수 있는가? (30분)

그는 토론의 수준이 높은 것과 직원들이 한 근사한 제안에 깜짝 놀랐다. 결국 그중에서 몇 가지 아이디어를 실제로 실행에 옮겼다. 이 토론이 이렇게 효과적이었던 이유는 무엇일까? 그가 사람들이 더 깊이 생각할 수 있도록 조언의 틀을 만든 덕분이었다. 이러한 질문은 구성원들이 한 발짝 물러서서 그들의 희망과 포부뿐만 아니라 신경 쓰이는 문제에 대해 생각해보게 했다. 견해를 표현할 수 있는 틀을 제공한 것이다.

프레이밍 질문에는 다양한 유형이 있다. 그것들은 참가자들이 자신의 견해를 공유하고, 서로에 대해 알며, 자신의 견해를 좀 더 깊이 발전시키고, 서로를 더 잘 이해하며, 하나의 팀으로서 효과적으로 움직이게 해준다. 여러 다른 질문들을 시도해보면 어떤 것이 유용한 토론을 끌어내는 데 가장 효과적인지 알 수 있을 것이다. 이렇게 질문의 틀을 짓는 연습을 하면 직원들의 역량을 더 많이 끌어낼 수 있고 그들에게 책임 의식을 길러줄 수 있다.

가장 중요한 것은, 이런 질문이 주변 사람들로부터 배울 수 있는 기회를 제공한다는 것이다.

듣는 방법 배우기

우리는 말하기보다 듣기에 더 많은 시간을 쏟는다고 생각하는데 이는 사실일 수도 있고 아닐 수도 있다. 하지만 사실일지라도 제대로 듣고 있지 않을 수도 있다. 수동적으로 듣는 것과 제대로 경청하는 것에는 큰 차이가 있다.

듣기를 능동적인 행위로 하다 보면 지치고 피곤해진다. 집중력이 필요하고, 반드시 배우고 연습해야 하는 기술이다.

다행히 연습할수록 더 잘할 수 있다. 사람들은 말하기는 연습할수록 잘하게 된다는 사실은 수긍하지만 듣기도 마찬가지라는 사실은 알지 못하는 경우가 많다. 리더는 효과적으로 말하는 것도 중요하지만 효과적으로 듣는 것이 더 중요하다.

놀랍게도 하버드에서 내 수업을 듣는 간부들에게 나타나는 가장 큰 변화는 경청 능력이 극적으로 향상된다는 것이다. 물론 수업에서 여러 가지 지식과 이론, 프레임워크를 배우고 사례를 연구하고 의견을 나눈다. 하지만 가장 혁신적 변화는 적극적으로 듣는 능력이 발전한다는 것이다.

듣기 연습을 하는 방법을 찾아라. 처음에는 집중력이 부족해서 남의 말을 오랫동안 적극적으로 경청하기 어려울 것이다. 하지만 낙담할 필요는 없다. 이는 몸을 만드는 것과 비슷하다. 연습할수록 지구력이 향상될 것이다. 당신이 가장 열심히 귀 기울였을 때를 생각하면서 그 순간을 재현해보는 식으로 연습한다.

책임 의식을 키워주는 정신 모델 활용하기

지금까지 이 기술을 몇 가지 소개했다. 이는 구속에서 벗어나 내포된 의미를 생각하면서 생각을 명확히 하는 기술이다. 예를 들어, 다음과 같은 질문을 던지는 것이다. "엄청나게 돈이 많다면

제5장 책임 의식을 갖기 위한 중단 없는 도전

무엇을 하겠는가?" "당신이 책임자라면 어떻게 하겠는가?" "앞으로 살날이 2년밖에 남지 않았다면 어떻게 하겠는가?" "상사를 화나게 하는 것이 두렵지 않다면 어떻게 하겠는가?" "노력이 성공으로 이어지리라는 것을 확신할 수 있다면 어디에 에너지를 쏟겠는가?" "어떤 일의 시간 기준이 6개월이 아닌 5년이라면 그것이 의사 결정에 어떤 영향을 미칠 것이라고 생각하는가?"

이러한 접근법은 책임 의식을 키우는 데 도움이 된다. 이는 개인에게는 엄청나게 강력한 도구가 되고, 그룹의 경우에는 생각을 집중하도록 도와줄 수 있다. 동료들의 압력과 돈에 대한 압박감, 불필요한 고려사항, 심리적 불안감에서 벗어날 수 있도록 해준다.

진정한 소신을 얻으려 끊임없이 노력할 때 정신 모델은 마음의 족쇄를 풀어 당신에게 가장 중요한 것을 찾아주고 자신의 관점에 대한 확신을 길러준다.

연습법 실행하기

지금까지 수많은 연습법을 소개했다. 자기 개방, 정보 얻기, 조언 구하기, 백지 연습법 등. 지금쯤 분명히 깨달았겠지만 나는 이런 접근법을 굉장히 좋아한다. 왜냐고? 개인과 조직이 좀 더 명료하게 생각할 수 있도록 해주고, 사람들이 서로를 이해하게 하는 질문을 만드는 데 도움이 되기 때문이다.

관계 목록을 파악하고 지원 그룹을 만들기

4장에서 살펴본 내용을 토대로 관계 목록을 파악하고 그 목록을 참고해 지원 그룹을 만든다.

지원 그룹은 하버드 경영대학원의 동료 빌 조지(Bill George)의 저서 《나침반 리더십(True North)》에 나오는 개념이다.[1] 이는 당신이 고민을 털어놓고, 민감한 정보를 나누며, 문제를 상의하고, 전반적으로 진정성 있는 모습을 보여줄 수 있는 사람들로 이루어진 집단을 말한다.

하버드 경영대학원의 '진정성 있는 리더' 수업에서 이 그룹을 활용한다. 간부들을 다섯 명으로 된 그룹으로 나누어 회의 구성과 안건, 리더십 토론 등의 기준을 세운다. 그룹 구성원들은 토론 시간 동안 비밀 유지, 시간 엄수, 정보 공유, 모바일 기기 다른 곳에 보관하기 등의 계약을 맺는다. 지원 그룹은 지금까지 엄청난 성공을 거두었고 수업의 하이라이트이기도 하다.

이 수업에 참여하는 간부들은 대부분 지원 그룹이 얼마나 큰 힘을 갖고 있는지 깨닫는다. 그리고 조직에서 이 방법을 활용하는 간부들이 많다.

피드백 주고받기

당신이 여기까지 내가 제안한 단계를 밟았다고 가정해보겠다. 어쩌면 한 걸음 나아가 지원 그룹까지 만들었을 것이다. 그렇다면 이 새로운 자원을 피드백 주기와 받기에 활용하기 바란다. 긍정적인 피드백도 부정적인(또는 건설적인) 피드백만큼 중요하다.

이 책의 핵심 메시지는 사람에게는 누구나 사각지대가 있다는 것이다. 우리는 자신이 어떤 일을 매우 잘하는지, 또 어떤 부분에 취약한지 잘 알지 못한다. 피드백을 받으면 이러한 사각지대가 보이고, 자신을 더 잘 이해할 수 있는 길이 열린다.

사람은 대부분 피드백 주기를 더 잘할 필요가 있다. 이 기술은 원하는 것을 말하고 누군가를 지원하고 관계를 회복하거나 유지하도록 해준다.

정면으로 부딪치기 싫어서 누군가의 짜증나는 행동을 그냥 보고만 있었던 적이 있을 것이다. 하지만 어느 정도의 대립은 사람과 사람의 관계에 오히려 유익하다. 이때 피드백을 주는 연습을 하면 도움이 된다.

일기 쓰기

일상의 혼란 속에서 생각하고 되돌아볼 시간이 필요하다. 중대한 사안에 대한 균형 잡힌 관점을 얻으려면 한 발짝 물러서 관찰한 내용을 글로 써봐야 한다. 이러한 이유로 일기 쓰기를 추천한다. 따로 시간을 내어 생각을 글로 적는 것은 대단히 건설적인 습관이다.

생각의 문서화는 실시간으로 가치가 있을 뿐 아니라 시간이 지나면서 생각의 프레임을 다시 만들어주어 유익할 수도 있다. 일기를 쓰면 균형 잡힌 관점을 갖는 데 도움이 된다. 소신을 찾고 결국 행동으로 옮기도록 해준다. 다른 사람들에게 가치를 부여하는 방법을 발전시킬 수도 있다.

일대일 소통 기회 만들기

하루하루가 혼란과 압박감 속에서 바쁘게 흘러가는 까닭에 일대일 소통을 위한 시간과 공간을 충분히 마련하기가 어렵다. 물론 사람들과의 네트워킹도 유용하지만 직접 만나 얼굴을 보면서 중요한 문제를 토론하는 것과 비교할 수는 없다. 직접 소통할 때만 상대방의 표정이나 보디랭귀지 등을 확인할 수 있다.

인간은 사회적인 동물이다. 우리는 다른 사람과 연결되어야 한

제5장 책임 의식을 갖기 위한 중단 없는 도전

다. 그렇지 않으면 관계를 발전시키기가 힘들다. 시간이 지남에 따라 오해가 쌓여 서로 함께 일할 때 여러 문제가 생길 수 있다.

사람들을 인터뷰하기

다른 사람을 제대로 이해하는 데는 인터뷰가 매우 효과적이다. 물론 지나치게 격식을 차린 것 같고 어색하게 느껴질 수도 있다. 하지만 근사한 경험이 될 수도 있다. 이는 누군가를 이해하기 위해 질문하는 방법을 배우는 것의 연장선이다. 보통은 상대방에 대해 모르는 것이 많았다는 사실을 깨닫게 된다.

이 기술이 별로 뛰어나지 않다면 지금부터 주변 사람을 인터뷰해보기 바란다. 진지한 태도로 질문을 미리 준비하고, 조용하게 대화할 수 있는 자리를 마련하며, 시간을 충분히 배분하고, 핸드폰은 꺼놓아야 한다. 이 연습은 다른 사람에 대해 배우고 관계를 구축하는 능력을 키우는 데 도움이 된다.

신문, 잡지, 책 읽기, 영화 보기

시사와 대중문화를 잘 알고 있어야 한다. 이렇게 하면 세상에 뒤처지지 않고 새로운 유행을 파악하고 사람들과 공감하며 궁극적으로 소신도 가질 수 있다. 대중문화와 거시적 트렌드, 그 밖의 사안들은 자신만의 관점을 형성하고, 행동을 취하며, 다른 사람에게 가치를 부여하는 데 필요한 중요한 맥락을 형성한다.

세상은 당신을 필요로 한다

●

리더십은 책임 의식이다. 다른 사람이 문제를 해결해주기를 기다리지 않는 것이다. 리더십은 마음가짐이다. 물론 책임 의식은 스트레스와 불안감을 가져다줄 것이다. 솔직히 큰 문제는 남이 해결하도록 내버려 두는 편이 훨씬 쉽고 간단하다. 하지만 세상은 당신을 필요로 한다. 물론 규모와 범위가 너무 커서 현실적으로 당신이 해결할 수 없는 문제들도 있다. 그럴 경우에는 실질적으로 변화를 일으킬 수 있는 행동인지 살펴볼 필요가 있다. 자신이 평소 관심을 갖고 있고 현실적으로도 긍정적인 영향을 끼칠 수 있는 분야를 찾는 일부터 시작한다. 그것은 당신이나 가족, 조직, 지역, 국가와 관련 있는 문제일 수도 있다. 당신은 세상을 바꿀 수 있다. 핵심은 문제와 씨름하는 연습을 할수록 변화를 만드는 데 능숙해진다는 것이다.

관심이 가는 세상의 문제에 대해 생각해보고 관여할 방법을 찾기 바란다. 비영리 조직의 이사회에 들어가 자신의 판단력과 기술로 사람을 도와준다든지 말이다. 당신의 참여가 조직이나 개인에 도움이 되고, 당신은 리더십 기술을 개발할 기회를 얻을 수 있을 것이다.

세상의 문제들은 다른 누군가에 의해 해결되지 않을 것이다. 당신이 나서야만 해결된다.

이 책은 당신이 리더십을 계발하는 과정에 처음 발을 들여놓도록 하기 위한 것이다. 이것이 시작임을 잊지 말기 바란다. 나는 이 책이 지닌 힘이 지금 당신의 자리가 아니라 앞으로 1년, 5년, 10년 혹은 더 많은 시간이 지난 후에 당신이 서 있는 자리에서 평가받기를 바란다.

이 책에서 소개한 방법 중 마음에 와닿는 몇 가지를 행동에 옮겼으면 한다. 그러면서 당신만의 접근법을 발전시키기를 바란다. 문제는 당신이 이러한 노력을 지금 시작해 앞으로 계속해나갈 의향이 있는가이다.

물론 이 책에 나오는 연습법과 활동은 개인에 맞게 변형해야 한다. 여기에는 당신의 가치관과 윤리적 경계도 포함된다. 지금의 위치나 가정에서의 의무, 경제적인 상황, 인생의 다른 부분과도 맞춰야 한다.

하지만 당신이 재능을 활용하기로 한다면, 자신의 가치관, 원칙, 스스로에 충실하다면, 끊임없이 배우고 자신의 기술과 에너지를 결단력 있게 쓴다면, 단기적인 성공과 진정성을 타협하지 않는다면, 장담하건대 당신은 세상에 영향을 끼칠 수 있을 것이다.

당신이 가진 돈과 힘이 어느 정도이고, 사회적 지위는 어느 정도인지 모르지만 이 책에 나온 접근법을 실천한다면 자신만의 고유한 방식을 찾게 될 것이다. 더 중요한 것은, 스스로가 크게 성공했다고 느낄 것이라는 사실인데, 이것만으로도 모든 게 달라질 것이다.

◯➡ 행동 플랜

- 앞으로 몇 주 동안 열심히 실천에 옮길 3~5가지 방법을 적는다.
- 친구나 가까운 동료에게도 이야기해본다.
- 최선을 다해 실천에 옮긴다.

리더에게 정말 필요한 것 : 핵심 요약

리더십의 구성 요소

- 당신의 소신은 무엇인가?
- 믿음을 행동에 옮기는가?
- 다른 사람들에게 가치를 더해주는 일에 집중하는가?
- 책임 의식을 장려하는 환경을 제공하는가?

리더의 도전과제

- 질문하는가?
- 배움에 열려있는가?
- 고립 상황에서 벗어나려 노력하는가?
- 기꺼이 자신의 약한 모습을 드러내는가?

리더가 거쳐야 할 필수 과정

- 비전, 우선순위, 일치
- 자기 이해

훌륭한 리더는 사람들과 함께 노력한다

- 상호 이해, 상호 신뢰, 상호 존중을 위해 노력하라
- 자기 개방, 정보 얻기, 조언 구하기를 연습하라
- 집단의 힘을 활용하라

책임 의식을 갖기 위한 중단 없는 도전

- 최선을 다해 실행하라
- 주요 도구를 활용하라

감사의 말

이 책의 아이디어와 개념은 지난 수십 년 동안의 다양한 경험에서 나왔습니다.

인연을 맺게 되어 영광인 수많은 멘토와 코치, 친구, 동료, 고객, 학생들에게 큰 신세를 졌습니다. 그들의 지혜와 기꺼이 이야기와 경험을 나눠준 넓은 마음이 제가 배운 모든 것과 이 책의 큰 부분을 차지합니다.

1980년대 초반에 골드만삭스에서 사회 생활을 시작한 것은 큰 행운이었습니다. 그 회사와 거기서 만난 리더들이 심어준 비즈니스 철학과 접근법을 22년 이상 다양한 리더 자리에서 시험할 수 있었습니다. 그리고 그곳의 고객들도 비즈니스 관계를 넘어서 시간, 지혜, 아이디어를 나눠주었습니다. 많은 선임 리더들을 롤 모델 삼아 경영 능력과 리더십 능력을 키울 수 있었습니다.

하버드 경영대학원의 동료들에게도 큰 감사를 전합니다. 그들은 2006년에 내가 교수진에 합류하도록 기회를 주었고 훌륭한 교수가 될 수 있도록 도와주었습니다. 그뿐만 아니라 문제를 프레이밍하고 효과적인 토론을 조율하며 리더들의 성과 개선을 도와주는 기술을 키우도록 도와주었지요.

동료 교수들은 세상을 이해하고 더 좋은 곳으로 만들려고 노력하는 너그럽고도 엄격한 사상가들입니다. 모두 훌륭한 사람들로, 나 역시 그들에게 큰 자극을 받아 기술을 개발하고 계속 공부하게 되었습니다. 특히 많은 조언을 해주고 이끌어준 톰 들롱, 로빈 엘리, 빌 조지, 란제이 굴라티, 락시미 라마라얀, 가우탐 무쿤다, 조시 마골리스, 체달 닐리, 니틴 노리아, 스캇 스눅에게 감사 인사를 전합니다.

강의 경험은 내가 이 책을 쓰는 데 커다란 영향을 주었습니다. 하버드에서 강의하게 된 후로 MBA 과정 학생들은 물론 다양한 직급의 간부들을 가르칠 기회가 있었고 다양한 리더십과 전략, 경쟁 과제를 접했습니다. 간부들과의 상호작용은 리더십에 대해 많은 깨달음을 주었고 성과 개선을 위한 접근법을 다양하게 실험할 수 있는 훌륭한 실험실이 되어주었습니다.

리더십과 개인의 계발 잠재력에 관한 기사를 쓸 기회를 준《하버드 비즈니스 리뷰(Harvard Business Review)》에도 감사의 마음을 전합니다. 내가 그 기사들을 토대로 더 많은 이야기를 할 수 있게 해주었고, 이 책과 그전의 책들이 탄생하기까지 모든 단계에서 함께해준 제프 케오이와 그의 동료들에게 감사를 전합니다.

편집자 제프 크루이크셍크의 도움이 없었다면 이 책을 쓰지 못했을 것입니다. 제프는 그 자신도 뛰어난 작가이자 최고의 코치, 멘토, 편집자입니다. 원고를 읽어주고 훌륭한 편집과 조언을 해준 콜린 카프탄에게도 고마운 마음을 전합니다. 오랫동안 함께한 나의 유능한 비서 샌디 마틴에게도 감사한 마음을 전합니다. 그녀 덕분에 나는 효율적으로 업무를 처리할 수 있습니다. 그리고 HBS의 내 어시스턴트인 제인 배럿도 모든 업무를 훌륭하게 처리해주었습니다. 샌디와 제인은 내가 이 책을 작업하는 1년간 큰 도움을 주었습니다.

원고를 읽어주고 여러 조언을 해준 캐런 벨지오바인, 마이클 다이아몬드, 헤더 헨릭슨, 알린 케이건, 플로렌스 캐플런, 데브라 펠츠, 스콧 리처드슨, 모하메드 테파히, 웬디 와이너 그리고 데이비드 와이너에게도 감사드립니다.

마지막으로 언제나 변함없는 사랑과 지지, 이해심을 보여주는 우리 가족과 부모님께 감사합니다. 사랑하는 그들의 철학과 가치관, 조언이 이 책에도 고스란히 담겨있습니다.

감사의 말

Chapter One

1 Robert Steven Kaplan and Scott Snook, "The Authentic Leader," course syllabus, Harvard Business School, summer 2014. 또한 다음의 자료를 참조하라. Michael Beer, Flemming Norregren, et al., Higher Ambition: How Great Leaders Create Economic and Social Value(Boston: Harvard Business Review Press, 2011); Daniel Goleman, "What Makes a Leader?" Harvard Business Review, January 2004; John Kotter, "What Leaders Really Do," Harvard Business Review, December 2001; Abraham Zaleznik, "Managers and Leaders: Are They Different?" Harvard Business Review, March–April 1992.

Chapter Two

1 John J. Gabarro, "Wolfgang Keller at Konigsbrau-TAK(A)," Harvard Business School Case 498-045, December 1997.(Revised October 2008.) 또한 다음의 자료를 참조하라. Arbinger Institute, Leadership and Self-Deception(San Francisco: Berrett-Koehler, 2010); Warren G.

Bennis and Robert J. Thomas, "Crucibles of Leadership," Harvard Business Review, September 2002; Bill George and Peter Sims, True North: Discover Your Authentic Leadership(San Francisco: Jossey–Bass, 2007); Robert Steven Kaplan and Scott Snook, "The Authentic Leader," course syllabus, Harvard Business School, summer 2014.

Chapter **Three**

1 Robert Steven Kaplan, What to Ask the Person in the Mirror: Critical Questions for Becoming a More Effective Leader and Reaching Your Potential. Boston: Harvard Business Review Press, 2011.

2 Robert Steven Kaplan, What You're Really Meant to Do: A Road Map for Reaching Your Unique Potential. Boston: Harvard Business Review Press, 2013. 또한 다음의 자료를 참조하라. James C. Collins and Jerry Porras, "Building Your Company's Vision," Harvard Business Review, September – October 1996; Peter Drucker, The Essential Drucker(New York: HarperCollins, 2001); Mary C. Gentile, Giving Voice to Values(New Haven, CT: Yale University Press, 2010); Bill George and Peter Sims, True North: Discover Your Authentic Leadership(San Francisco: Jossey–Bass, 2007); Linda A. Hill, "Note for Analyzing Work Groups," Case 9–496–026(Boston: Harvard

Business School, 1998); Michael L. Tushman and Charles A. O'Reilly III, "Managerial Problem Solving: A Congruence Approach" from Winning through Innovation: A Practical Guide to Leading Organizational Change and Renewal(Boston: Harvard Business School Publishing, 2002).

Chapter **Four**

다음의 자료를 참조하라. Stephen R. Covey, The 7 Habits of Highly Effective People: Restoring the Character Ethic(New York: Simon & Schuster, 1989); John J. Gabarro and Linda A. Hill, "Managing Performance," Case 9-496-022(Boston: Harvard Business School, 1995); David A. Garvin and Michael A. Roberto, "What You Don't Know about Making Decisions," Harvard Business Review, November 2001; Bill George and Doug Baker, True North Groups: A Powerful Path to Personal and Leadership Development(San Francisco: Berrett-Koehler Publishers, 2011); Bill George and Peter Sims, True North: Discover Your Authentic Leadership(San Francisco: Jossey-Bass, 2007), chapter 7; Daniel Goleman, "What Makes a Leader?," Harvard Business Review, January 2004; Katryn Greene, Valerian J. Derlega, Alicia Mathews, "Self-Disclosure in Personal Relationships," in The Cambridge Handbook of Personal Relationships, ed. Anita L. Vangelisti and Daniel

Perlman(Cambridge: Cambridge University Press, 2006); K. E. Kram and M. C. Higgins, "A New Approach to Mentoring: These Days You Need More Than a Single Person. You Need a Network," Wall Street Journal, September 2008; Roderick M. Kramer, "The Harder They Fall," Harvard Business Review, October 2003.

Chapter **Five**

1 Bill George and Peter Sims, True North: Discover Your Authentic Leadership, San Francisco: Jossey-Bass, 2007. 또한 다음의 자료를 참조하라. John Paul Eakin, Living Autobiographically: How We Create Identity in Narrative(Ithaca, NY: Cornell University Press, 2008); Linda A. Hill, "Becoming the Boss," Harvard Business Review, January 2007; Morgan W. McCall, Michael M. Lombardo, Ann M. Morrison, The Lessons of Experience: How Successful Executives Develop on the Job(New York: Free Press, 1998); Cynthia D. McCauley, Ellen Van Velsor, Marian M. Ruderman "Introduction: Our View of Leadership Development," in The Center for Creative Leadership Handbook of Leadership Development(San Francisco: Jossey-Bass, 2004); Laura Morgan Roberts, Gretchen Spreitzer, Jane Dutton, Robert Quinn, Emily Heapy, Brianna Barker, "How to Play to Your Strengths," Harvard Business Review, January 2005.

옮긴이 **정지현**

스무 살 때 남동생의 부탁으로 두툼한 신시사이저 사용설명서를 번역해준 것을
계기로 번역의 매력과 재미에 빠졌다. 현재 미국에 거주하며 출판번역 에이전시
베네트랜스 전속 번역가로 활동 중이다. 옮긴 책으로는 『리더십 탐독』, 『마흔이
되기 전에』, 『지금 하지 않으면 언제 하겠는가』, 『타이탄의 도구들』, 『5년 후 나에
게』, 『그해, 여름 손님』, 『하루 5분 아침 일기』, 『나는 왜 너를 사랑하는가』, 『헤드
스트롱』, 『단어 탐정』, 『나를 알아가는 중입니다』, 『차별화의 천재들』 등이 있다.

리더에게 정말 필요한 것

초판 1쇄 발행 2023년 5월 30일

지 은 이 로버트 S. 캐플런
옮 긴 이 정지현
발 행 인 서재필

펴 낸 곳 마인드빌딩
출판신고 2018년 1월 11일 제395-2018-000009호
전   화 02)3153-1330
이 메 일 mindbuilders@naver.com

ISBN 979-11-92886-12-1 (03320)

마인드빌딩에서는 여러분의 투고 원고를 기다리고 있습니다. 출판하고 싶은 원고가 있는 분은
mindbuilders@naver.com으로 간단한 개요를 연락처와 함께 보내 주시기 바랍니다.